크루얼티프리

크루얼티 프리

동물과 지구를 위한
새로운 생활

린다 뉴베리 지음
송은주 옮김

사계절

차례

동물에게도 감정이 있다는 사실은
쉽게 알 수 있다.
동물도 우리처럼 공포, 지루함,
기대감, 기쁨을 경험한다.

들어가며

집에 개를 기르고 있거나 친구나 친척의 개와 놀아준다면, 개도 여러 가지 다른 식으로 느끼고 행동하며 좋아하는 것과 싫어하는 것이 있음을 알게 된다. 개는 자기가 언제 놀고 싶고 산책을 나가고 싶은지, 언제 지루함을 느끼거나 겁을 먹거나 배고파하는지도 아주 확실히 표현한다.

나는 한 번도 개를 키워본 적이 없지만 고양이는 오랫동안 많이 키웠다. 대부분 동물 보호소에서 입양한 고양이였다. 지금은 함께 사는 고양이 두 마리에 규칙적으로 오는 손님이 하나 있다. 하루가 멀다 하고 찾아오는 이웃집 고양이다. 셋 모두 저마다 개성이 뚜렷하다. 우리 집 고양이 플뢰르는 수다쟁이에 대장 노릇 하기를 좋아한다. 또 한 친구 홀리는 차분하고 순한 반면, 손님 루이스는 게으른데 가끔 신이 나면 거칠어진다.

닭을 키워본 사람이라면 닭이 좋아하는 장소와 먹이가 있고, 날개를 쫙 펼치고 햇볕을 쬐기를 매우 즐긴다는 것을 안다. 닭은 다양한 소리를 낸다. 경고하는 외침, 뭔가 맛있는 것을 보았을 때 흥분해서 끽끽대는 소리, 진짜로 기분 좋을 때 낮게 그르렁거리는 소리 등 여러 가지다.

동물에게도 감정이 있다는 사실은 쉽게 알 수 있다. 동물도 우리처럼 공포, 지루함, 기대감, 기쁨을 경험한다. 이를 부인할 사람은 거의 없을 것이다.

그러나 우리 주위 세상은 어떤 동물을 다른 동물보다 더 중요하게 여긴다. 우리는 반려동물은 잘 돌봐주어야 하지만, 상품으로 이용할 수 있다고 보이는 동물은 무슨 일을 당하든 무시하라고 배운다. 많은 상점, 기업, 광고주는 고기가 슈퍼마켓 매대까지 어떻게 오는지, 화장품에 무엇이 들어가는지, 플라스틱 포장이 결국 어디로 가는지 우리가 생각하지 못하게 하려고 애쓴다. 단지 우리가 상품을 사주기만 바란다.

반려동물이 있든 없든 무엇을 살지, 무엇을 먹을지, 무엇을 사용할지, 무엇을 버릴지 등 우리가 살면서 매일 하는 결정은 환경과 동물의 삶에 영향을 미친다. 우리는 학대와 낭비를 지지하는 쪽을 선택할 수도, 친절함과 책임감을 선택할 수도 있다. 나의 목표는 가능한 한 환경과 동물에게 해를 적게 주는 식으로 사는 것이다. 늘 잘 되지는 않고, 우리 사회에서 누구나 할 수 있다고 생각하지도 않지만, 어쨌든 노력 중이다.

여러분도 그런 바람이 있다면 좀 까다로운 결정의 순간들과 회색 지대를 만나게 될 것이다. 이 책에서 옳은 답을 주려는 것은 아니다. 여러분은 스스로 결정하고, 여러분의 선택이 가족과 일상생활에 어떤 영향을 줄지, 현실적으로 무엇을 할 수 있을지 생각해보아야 한다. 여러분이 자기만의 규칙을 정하더라도 그 규칙들을 매번 고수하기란 불가능할 수도 있다. 하지만 꼭 전부 아니면 전무일 필요는 없다. 작은 변화도 차이를 만들어낼 수 있다.

상황은 바뀔 수 있고, 바뀌고 있다. 50년 전에는 유행을 따르는 멋쟁이들이 비버나 밍크, 여우 같은 동물의 가죽으로 만든 외투를 아무렇지도 않게 입었다. 이제는 많은 정상급 디자이너가 절대로 진짜 모피를 쓰지 않겠다고 약속한다. 예전에는 채식주의자Vegetarian, 특히 완전 채식주의자Vegan는 찾아보기 힘들었지만, 지금은 그런 사람들이 많아졌다. 여러 나라에서 기후변화 항의 시위와 동물과 서식지를 보호하자는 캠페인이 수없이 열린다. 이제야 우리는 자연 세계를 더 이상 이전처럼 마음껏 낭비하고 파괴해서는 안 된다는 사실을 깨달았다.

나는 이 책에서 우리의 일상생활이 동물에게 어떤 식으로 영향을 미치는지 살펴보고, 우리가 장을 보거나 휴가를 갈 때 하는 선택이 어떤 차이를 만들어낼 수 있는지, 잔인함이 아니라 친절함을 택함으로써 어떻게 동물에 대한 착취를 피할 수 있는지 알아보려고 한다. 나는 우리가 무엇을 사고 입고 쓰고 버리는지 잘 살펴보고 싶다. 그리고 우리가 어떻게 하면 더 나은 행동을 할 수 있을지 깊이 생각해보겠다.

여러분이 동물에 관심이 있다면, 삶에서 시도하는 간단한 변화들이 어떤 차이를 낳는지, 그리고 어떻게 다른 사람들에게 영향을 줄 수 있는지 보여주고 싶다. 크루얼티프리cruelty free(동물실험을 거치지 않은 제품을 뜻한다. ─ 옮긴이) 샴푸를 고르거나 플라스틱을 사지 않거나, 고기를 덜 먹거나 아예 먹지 않기로 결심했다면, 다른 사람들에게도 영향을 미치기 시작한 것이다. 변화는 서서히 일어나고, 가끔은 너무 느리다. 하지만 그래도 일어나긴 일어난다. 그런 변화는 세상과 세상의 변화에 관심을 갖는 사람들 덕이다. 여러분과 나 같은 사람들 말이다.

동물의
권리

우리가 다른 동물보다
우월하다고 생각한다면
자연 세계를 돌볼 책임도
받아들여야 한다.

'동물에게 권리가 있느냐'라는 질문은 복잡한 도덕적, 철학적, 심지어 법적 문제이다.

동물에게 자유롭게 살고 학대받지 않을 권리를 포함해서 인간과 똑같거나 비슷한 권리가 있는지 묻는다면, 지금 세상에서는 아니라는 대답만 울려 퍼질 것이 틀림없다. 동물은 권리가 없다. 인간으로서 우리는 살아 있는 모든 것을 지배할 힘을 부여받았다.

인간이 우월하다는 이런 믿음에 많은 환경 운동가들이 도전한다. 그러나 법과 관습 면에서 보자면, 인간은 동물을 기르고 소유하고, 죽이고 잡아먹고, 가죽을 벗겨 입고, 의학 연구에 이용할 권리가 있다고 믿어왔다.

우리가 던져야 할 질문 ― 동물이 권리를 가져야 하는가?

동물을 다루는 방식의 윤리에 관심을 기울이는 철학자 피터 싱어Peter Singer는 그의 책 『동물 해방Animal Liberation』에서 종 차별주의speciesism라는 용어를 쓴다. 인종차별, 성차별, 노인 차별이 어떤 사람이 다른 사람보다 더 많은 권리를 가져야 한다는 생각이듯이, 종 차별주의는 한 종(인간)이 지구상 다른 모든 종보다 더 중요하다는 믿음이다.

싱어는 인간 또한 당연히 동물이면서도 '동물'이라는 단어가 늘 '비인간 동물'을 뜻한다고 여기기 때문에 이 말에조차도 편견이 배어 있다고 말한다. '동물처럼 행동한다'는 표현은 어떤 사람(혹은 어떤 집단에 대해 쓰는 경우가 더 많다)의 행동이 거칠고 야만스럽고 일부러 잔인하게 굴거나 남을 괴롭히려 한다는 의미로서 모욕적으로 쓰인다. 그 말에는 인간이 호모사피엔스 종에 속한다는 이유 하나만으로 나머지 동물 세계 위에 있다는 생각이 담겨 있다. 그리고 우리는 다른 동물들의 어떤 권리도 인정하지 않기 위해 이런 종 차별주의를 아주 다양한 방식으로 이용한다.

동물은 도덕성이라는 개념을 이해할 수 없기 때문에, 혹은 인간과 같은 지성이 없기 때문에 권리를 가질 수 없다는 주장이 있다. 그러나 우리는 갓 태어난 인간 아기가 도덕이나 책임감 따위는 전혀 몰라도 권리를 가진다는 사실을 받아들인다. 그리고 동물에게 지성이 없다는 주장은 예컨대 개, 돌고래, 돼지, 영장류와 일부 새들의 영리함을 무시하는 것이다.

동물의 권리를 고려하는 법은 앞뒤가 안 맞는 부분이 많다. 어떤 동물은 보호하는데 다른 동물은 마구 죽인다. 일부러 동물에게 잔인한 짓을 해도 처벌은 너무 가볍고, 동물 학대 죄로 판결받은 사람이 동물을 기르지 못하게 막는 법적

조치도 충분치 않다.

2009년이 되어서야 유럽연합European Union: EU은 가축이 '지각 있는 존재'라고 선언했다. 동물도 감정을 지니고 고통을 느낀다는 것이다. 그전까지 가축은 양배추나 밀가루처럼 농산물로 분류되었다.

전 세계 복지 단체들은 농장이나 동물원 혹은 야생에 살거나 반려동물로 키워지는 모든 동물이 돌봄과 배려를 받도록 열심히 노력하고 있다. 그러나 이런 노력은 항상 이익을 위해 동물을 착취하고 싶은 욕구 및 고기와 유제품에 굶주린 세계에 되도록 값싸게 식량을 제공해야 할 필요성과 충돌한다. 동물이 법적으로 거의 혹은 전혀 보호를 받지 못하는 나라가 너무 많다.

솔직히 동물이 인간과 똑같은 권리를 누리는 미래는 예상할 수 없다. 그렇게 된다면 더 많은 혹은 또 다른 차원의 문제가 발생한다. 동물은 무엇을 의미하는가? 어떤 동물인가? 동물에게 권리를 준다면 벼룩, 메뚜기, 말라리아를 퍼뜨리는 모기라든가 관리하지 않을 경우 고양이와 개의 장속에 살게 될 기생충에게까지 박해받지 않고 살 권리를 확장해주어야 할까? 그들도 다 동물이다. 어딘가에는 선을 그어야 한다. 하지만 어디에, 누가?

정원 곤충의 생명을 보호하는 일과 메뚜기의 권리를 지지하는 일은 전혀 다른 문제이다. 이 책을 쓰는 동안에도 거대한 메뚜기 떼가 에티오피아와 소말리아, 케냐의 농작물을 초토화했다. 농장주와 소규모 자작농들은 농사지은 작물들이 채 하루도 못 되어 모조리 먹히는 꼴을 두려움에 떨며 구경할 수밖에 없었다. 아프리카 사람들을 먹여 살려야 한다는 관점에서 보면 엄청난 위기였다. 아주 엄격한 완전 채식주의자라면 메뚜기를 죽여서는 안 된다고 주장할지도 모르지만, 이렇게 많은 인간과 동물 모두가 끔찍한 고통을 겪는 상황에서는 가혹한 태도인 것 같다.

보통의 경우라면 인간이 동물을 지각 있는 존재, 즉 기쁨과 활기, 슬픔과 공포와 고통 같은 감정을 느끼는 존재로 대할 의무가 있다. 우리가 다른 동물보다 우월하다고 생각한다면 자연 세계를 돌볼 책임도 받아들여야 한다. 마치 가는 길에 놓인 것은 죄다 먹어치우는 메뚜기 떼처럼 자연 세계를 착취하고 파괴할 소유물로 보아서는 안 된다.

그리고 당연히 동물은 배려받을 권리가 있다. 인간과 똑같은 권리를 갖지 못한다 해서 동물이 아무 권리도 없다든가, 인간이 이용하기 위한 수단으로만 존재한다는 말은 아니다. 나는 우리가 동물의 존재를 존중하고, 서식지를 보존하고,

고통을 주지 않도록 할 수 있는 일은 다 해야 한다고 생각한다. 이는 동물과 직접적으로 접촉을 하든 안 하든 우리의 일상생활과 습관을 생각해보아야 한다는 뜻이다.

피터 싱어는 『동물 해방』에서 자기가 동물을 사랑하는 사람이라고는 생각지 않는다고 말한다. 반려동물을 키우지도 않고, 동식물 연구자나 동물학자라서 동물에게 특별히 관심이 있는 것도 아니라고 말이다. 하지만 그는 개인적 친분이 없는 인간들의 권리에 관심을 기울이듯이 동물 권리에 관심을 가진다. 그것은 도덕성의 문제이고, 동물에게 끼치는 피해를 최소화할 가장 좋은 생활 방식을 찾는 문제이다.

이 책에서는 바로 그런 내용을 다루고자 한다. 친절하게 산다는 것은 새끼 고양이나 코알라, 당나귀나 북극곰을 예뻐하는 사람, 혹은 반려동물을 기르거나 야생동물 다큐멘터리를 즐겨 보는 사람에게만 해당하는 태도가 아니다.

그것은 공정함을 지키고 잔인한 행동을 하지 않으려는 모든 이를 위한 선택이다.

친절하게
소비하자

우리는 함께
변화를 만들어내고
우리의 태도를 바꿀 수 있다.

먹거리, 입을 거리, 쓸 거리를 살 때마다 우리는 이것이 아닌 다른 것을 선택할 힘이 있다. 이런 선택 중 많은 부분이 잘 드러나지는 않더라도 동물과 자연 세계에 영향을 미친다.

이 브랜드 말고 저 브랜드 샴푸를 고르는 일은 사소한 행동이다. 너무 사소해서 손톱만큼이라도 변화를 만들어내기는 할까 의심스러울 수 있다. 하지만 우리는 함께 변화를 만들어내고 우리의 태도를 바꿀 수 있다. 지난 몇 년간 채식주의가 널리 퍼진 것이 그 좋은 예이다. 채식주의자는 아주 소수였지만, 이제 채식 제품을 슈퍼마켓과 식료품점 어디에서나 찾아볼 수 있다.

점점 더 많은 사람이 동물실험을 거치지 않은 세면 용품과 화장품을 고를 수 있다는 것을 알게 되었다. 그동안 대부분의 기업들은 샴푸나 샤워 젤, 데오도런트, 치약, 자외선 차단제 등을 개발할 때 동물을 대상으로 널리 실험해왔다. 토끼 눈에 샴푸를 떨어뜨리고, 실험실 생쥐에게 억지로 분가루를 먹이면서 '치사량'을 측정하는 식이었다. 아이라이너나 컨디셔너를 사면서 보통 이런 사실까지는 잘 고려하지 않는다. 그러나 우리 모두가 이런 생각을 해보고 동물에게 고통을 준 제품을 사지 않기로 한다면 어떻게 될까? 제조업체는 곧 정책을 바꾸지 않을까? 고급 브랜드를 비롯해 많은 회사가 이미 그렇게 하고 있다.

패션, 광고, 포장 그리고 친구들이 뭘 쓰는지 등은 우리가 소비하는 데 많은 영향을 준다. 동물을 어떻게 이용하는지는 잊어버리기 쉽다. 그러나 여러분이 동물 학대를 저지르지 않고 살고 싶다면, 동물에 대해 생각해보는 습관을 들이게 될 것이다. 나는 샴푸를 살 때 패션이고 유행이고 따지지 않고 딱 한 가지만 생각한다. 동물실험을 거친 제품인가? 신뢰할 만한 브랜드가 아니면 사지 않는다. 그다음으로는 야자유를 쓴 제품을 피하고(야자유는 주로 개간한 땅에서 키우기 때문에 열대우림이 파괴되는 경우가 많다), 새 병을 사는 대신 우리 동네 제로 웨이스트Zero Waste 상점에 가서 빈 병을 다시 채워 플라스틱 소비를 줄인다. 플라스틱 소비를 줄이는 일이 동물과 무슨 관계가 있는지는 다음 장에서 더 자세히 이야기하겠다.

진짜로 동물 학대를 하지 않은 제품인지 어떻게 알 수 있을까?

포장을 보아서 동물실험 여부를 확인할 수 없다면, 어느 정도는 개발 과정에서 했을 가능성이 매우 높다. 다음에 소개하는 두 웹 사이트에서 확인해보자. 또한 어떤 제품에는 '동

물실험 반대'나 '동물실험을 거치지 않음' 같은 문구가 기재
됐을 수 있다. 아무것도 없는 것보다는 낫지만, 실은 특정한
기준을 만족시키지 않아도 어느 회사나 이런 주장을 내세울
수 있다. 이런 주장은 완제품에만 적용되기도 한다. 그러니
까 제품의 성분 공급업체가 동물에게 실험을 했을 수도 있다
는 얘기다.

나는 항상 제품에 '리핑버니Leaping Bunny'라든가 믿을 수
있는 다른 상징이 있나 살펴본다. 여기 언급한 단체들 외에
도 여러분의 지역이나 나라에서 활동하는 단체가 있을 수 있
으니 온라인 검색을 한번 해보자. 자료는 항상 바뀌기 때문
에 새로운 것에 주의를 기울여야 한다. 그리고 여러분 스스
로도 동물실험을 하지 않은 제품을 찾아보자!

리핑버니Leaping Bunny

포장이나 병에 붙은 이 상징은 제품이 생산단계에서 동물실
험을 전혀 거치지 않았음을 보증한다. 리핑버니 로고는 미
국과 캐나다의 '소비자 화장품 정보를 위한 연합Coalition for
Consumer Information on Cosmetics: CCIC'에서 발행한다. CCIC
는 '동물에 대한 연민을 나타내는 공동 표준Corporate Standard
of Compassion for Animals'에 기반하여 회사가 동물실험을 하

지 않았음을 인증한다. CCIC의 목표는 동물 친화적 제품을 안심하고 쉽게 쇼핑하도록 해주는 것이다. 이는 국제적으로 인정되는 상징으로, 소비자에게 이 상징을 붙인 제품의 개발에는 어떠한 새로운 동물실험도 행하지 않았음을 보장한다. www.leapingbunny.org에서 더 많은 정보를 찾을 수 있다.

크루얼티프리키티Cruelty-Free Kitty

크루얼티프리키티는 700개 이상의 브랜드에 대한 유용한 온라인 데이터베이스를 구축하고 있다. 동물실험을 하지 않은 제품으로 분류되려면 브랜드는 다음을 보증해야 한다.

- 동물에게 완제품을 실험하지 않는다.
- 공급사는 동물에게 원료나 성분을 실험하지 않는다.
- 그 밖에 아무도 그 회사를 대신하여 실험하지 않는다.

또한, 크루얼티프리키티는 이 책을 쓰던 당시 동물에게 실험을 한 적이 있는 회사들의 목록도 밝혔다. 주로 많은 브랜드를 소유한 대기업이다. 이 데이터베이스는 www.cruelty-freekitty.com에서 찾아볼 수 있다.

다양한 상징이 정확히 어떤 의미이고 어떻게 그것을 획득

했는지 살펴보다 보면 혼란스럽고 아주 복잡하다고 느낄 수 있다. 한 브랜드가 이 단계는 통과했는데 다른 단계는 통과하지 못한 경우도 있다. 예를 들어 어떤 크림은 동물실험을 하지 않았지만, 그 브랜드가 속한 모회사에서는 동물실험을 한 가정용 세척제를 만든 경우이다. 또 어떤 제품은 동물실험을 하지 않았지만 식물성은 아닌 경우도 있다. 이것도 여러분에게 중요한 문제일 수 있다.

핵심은 광고를 보았다거나 포장 외관이 마음에 들었다거나 소셜 미디어에서 본 누군가가 그 제품을 쓰고 있었다는 이유로 새 샴푸나 블러셔를 사기보다는 먼저 잘 알아봐야 한다는 것이다.

리핑버니 로고

포장만 봐서는 원하는 답을 얻을 수 없다면, 직접 물어보면 된다! 나는 상점과 백화점에서 동물실험에 대한 회사 정책이 무엇인지 자주 물어본다. 점원이 잘 모른다고 해서 놀란 적도 여러 번이다. 하지만 그렇다 해도 물어볼 가치는 있다. 동물실험이 소비자의 관심사라는 점을 보여줄 수 있으니까. 또한 동물실험 여부야말로 자신들이 판매하는 화장품에 대해 그들이 진짜로, 반드시 알아야 하는 사실이다!

식품이든 화장품이든 옷이든 신발이든 소비자로서 우리에게는 작게나마 이런 힘이 있다. 가정에서 식품, 샴푸, 그 밖의 제품을 구매하는 사람이 여러분이 아닐 수도 있다. 그럼에도 여러분이 무엇을 원하고 무엇을 원치 않는지 대화는 할 수 있다.

동물실험을 거치지 않은 치약, 샴푸, 화장품 등을 고르는 일은 쉽게 실천할 수 있는 작은 변화이다. 다른 사람에게 줄 선물로 비누, 샤워 젤, 그 외 세면 용품을 살 때 크루얼티프리 제품을 선택하는 일도 이 단어를 널리 퍼뜨리는 데 도움을 줄 수 있다. 특히 받는 이에게 특정 브랜드를 고른 이유를 말해준다면 더더욱 그렇다.

동물실험을 거치지 않은 치약,
샴푸, 화장품 등을 고르는 일은
쉽게 실천할 수 있는 작은
변화이다.

여러분의 접시에는 어떤 것이 놓여 있을까?

영국에서 보통 육식하는
한 사람이 평생 먹어치우는
동물의 수는 1만 마리가 넘는다.

우리는 고기와 육류 가공품 먹기를 당연시하며 자랐다. 대개 그것이 동물의 살이라는 사실을 이해하기도 전부터 고기를 먹기 시작한다.

이 글을 쓰는 동안, 갓 태어난 양들이 들판으로 나와 무리지어 놀고, 주변을 탐색하고, 햇볕을 쬐며 쉬었다. 영국에서는 봄의 시작을 알리는, 언제나 보기 좋은 광경이다. 하지만 그 동물들을 보여주려고 아이들과 나들이 나온 많은 가족은 점심이나 저녁으로 신나게 양고기를 먹을 것이다.

어떻게 그 사랑스러운 어린 동물들이 곧 우리 접시에 올라오기 위해 도살당한다는 사실을 모르는 척하도록 배울 수 있을까? 그리고 왜 그럴까?

나는 육류를 먹으며 자랐지만, 일요일 점심에 고기구이를 먹거나 아침에 베이컨을 먹으려고 자리에 앉으면서 동물을 사랑한다고 말할 수 없다는 생각이 점점 강해졌다. 나는 학생 때 채식주의자가 되었고, 그 후로는 알면서 고기를 먹은 적은 없다. 지금은 완전 채식주의자이다(어떤 사람들처럼 매우 엄격하지는 않은데, 이에 대해서는 뒤에서 더 이야기하겠다).

나는 절대로 다시는 고기를 입에 대는 일이 없겠지만, 내가 아는 사람 전부를 채식주의자나 완전 채식주의자가 되어야 한다고 설득할 수 있으리라 기대하지는 않는다. 우리 가족은 여전히 고기를 먹는다. 안 그러면 좋겠지만, 식탁에 앉을 때마다 말다툼을 벌이지는 않기로 했다. 점점 더 많은 사람이 적어도 육식을 줄여야만 하는 이유를 알게 되기를 바랄 따름이다.

많은 이가 그렇듯 내가 채식주의자가 된 첫 번째 이유도 동물 학대에 반대하는 시위를 하면서부터였다. 하지만 식용 동물을 키우는 일이 환경에 미치는 영향과 채식 식단이 훨씬 더 지속 가능하다는 이야기가 점점 더 자주 들려오고 있다. 또한, 육식 특히 소고기나 양고기 같은 붉은 고기를 먹으면 암이나 심장 질환 같은 병에 걸리기 쉽다는 의학적 증거도 있다. 하지만 나는 학대 측면에서 이야기를 시작하겠다.

이웃이 잡아먹으려고 개를 죽인다면 우리는 기겁할 것이다. 하지만 슈퍼마켓에는 소, 돼지, 양에게서 잘라낸 튀김용, 갈비, 등심, 가슴살, 넓적다리 살 등의 딱지를 붙여놓은 고기가 있다. 무슨 차이가 있나? 우리는 자라면서 광고와 포장에 길들여져 이런 고깃덩이가 우리 집 고양이나 개와 같이 지각 있는 동물에게서 나왔다는 사실을 무시하곤 한다. "점심으로 돼지를 먹고 있어"라고 말하지 않고 돼지고기니 햄이니 소고기라고 말하는 것이다.

여러분이 거의 매일 고기를 먹는다면, 평생 몇 마리나 먹게 될까?

비거뉴어리Veganuary(전 세계 사람들이 1월 한 달 동안 채식하도록 권장하는 영국의 비영리단체. — 옮긴이)는 영국 환경식품농무부Department for Environment, Food and Rural Affairs: DEFRA가 내놓은 정보를 이용하여 다음 면의 그래픽 수치들을 계산했다.

한 사람이 먹어치우는 동물 수가 1만 252마리이다. 여러분 앞에 줄을 선 그 동물들을 상상해보라! 그리고 다른 나라에서는 영국보다 훨씬 더 많이 먹는다. 월드아틀라스World Atlas 웹 사이트에서는 1인당 육류 소비량이 가장 많은 나라로 오스트레일리아를 꼽았다. 오스트레일리아인은 해마다 평균적으로 고기 93킬로그램을 먹는다. 미국이 91킬로그램으로 그 뒤를 바짝 따라온다. 비교하자면 고기를 적게 먹는 나라들은 대부분 아프리카에 있고, 인도와 방글라데시는 아프리카보다도 훨씬 덜 소비한다. 육류 소비량은 농업 관행, 토지 이용 방식, 고기를 이용할 가능성뿐 아니라 종교적, 문화적, 전통적 요소들과 관계가 있다.

영국에서 평균적으로 고기를 먹는 사람이 평생 먹게 될 동물의 수(마리)는……

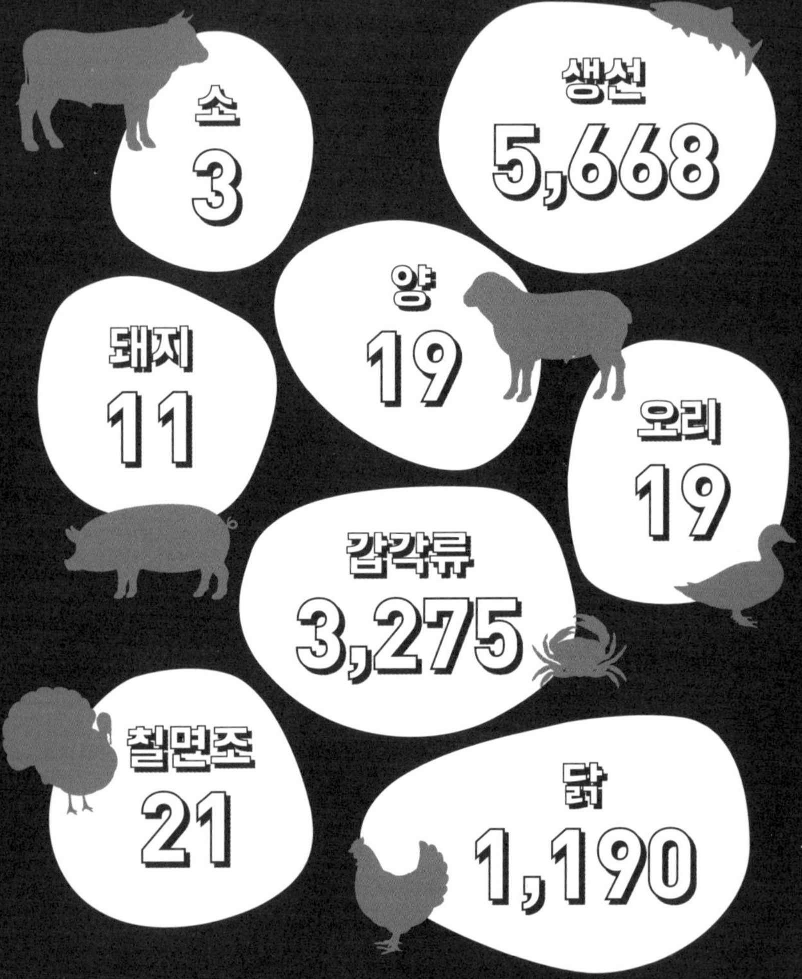

고기를 먹는다면, 여러분의 태도는 이 중 어떤 것에 가장 가까운가?

난 고기 맛을 좋아해. 그러니까 내가 먹으려면 동물들을 죽여야 한대도 상관없어.

거기에 대해서는 별생각이 없는데. 내 접시에 놓인 것은 '고기'라고 불리지만 그게 어떻게 해서 식탁까지 오는지를 굳이 시간 들여가며 상상해보고 싶진 않다고.

난 고기를 계속 먹을 거지만, 예전보다는 좀 덜 먹고, 먹을 때도 골라서 먹어. 내 접시에 놓인 동물들이 공장식 축산이 아니라 되도록이면 최상의 조건에서 키워진 것이면 좋겠어.

동물은 잡아먹으려고 키우는 거야. 그러니까 동물을 어떻게 다루든 그건 중요하지 않아. (진심으로 그렇게 생각하지 않았으면 좋겠지만 정 그렇겠다면 계속 읽어주기를. 당신의 마음을 바꾸도록 노력해보겠다.)

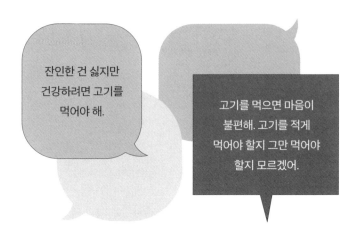

왜 고기를 먹을까?

나는 점점 더 우리가 이런 관점에서 문제를 바라봐야 한다고 생각한다. 왜 너는 고기를 '먹지 않니?'가 아니라 왜 너는 고기를 '먹니?'라고 말이다. 채식주의자와 완전 채식주의자는 왜 고기를 먹지 않느냐는 질문을 자주 받지만, 육식주의자는 왜 고기를 먹느냐는 질문을 받는 일이 거의 없다.

　나는 여러 친구와 지인에게 육식을 정당화할 필요성을 느끼는지 물어보았다. 대답은 흥미로웠다. 몇몇은 장난스럽게 대답했고, 어떤 이들은 내 질문에 기분 나빠했으며, 대답하기를 거부한 사람도 있었다.

채식주의자와
완전 채식주의자는
왜 고기를 먹지 않느냐는 질문을
자주 받지만, 육식주의자는
왜 고기를 먹느냐는 질문을
받는 일이 거의 없다.

신중하고 자세한 대답을 내놓은 사람들은 힘든 면이 있다고 인정했다. 그들은 스스로를 친절하고 책임감 있는 사람이라고 생각하고 싶어 하고, 자연 애호가라고 한 사람도 여럿 있었다. 그러면서도 식용으로 키우고 죽인 동물을 기꺼이 먹는다. 하지만 대부분의 사람들은 그 점을 깊이 생각해보지는 않는 듯하다.

자, 그러면 여러분은 어떤가? 고기를 먹는다면, 왜 먹는지 잠시 생각해보면 어떨까? 다음 중 한 가지 이상의 이유 때문이 아닐까?

- 고기를 원래부터 먹었다.
- 누군가가 나를 위해 장을 보고 요리를 해주는데, 고기도 사다가 준비한다.
- 고기를 좋아한다. 제일 좋아하는 음식에 들어간다.
- 고기가 없으면 뭘 먹어야 할지 모르겠다.
- 고기가 몸에 좋다고 생각한다. 식단에서 빠져서는 안 될 부분이다.
- 고기를 포기하기는 너무 어려울 것 같다.

그러면 여러분의 대답에 따라서, 이렇게 다시 물어보고 싶다.

- 고기를 진짜로 먹고 싶은가, 아니면 고기를 먹는 습관을 바꾸고 싶은가?

평생 고기를 단 한 번도 먹어본 적이 없다고 상상해보라(아마도 그런 사람이 있기는 할 것이다). 점심을 먹으려고 식탁에 앉았더니 누군가 이렇게 묻는다. "이거 한번 먹어볼래? 특별히 죽인 동물의 살이야." 아니면 여러분에게 내놓은 맛있는 점심 식사가 개를 삶은 요리라면 어떨까? 개를 먹는 나라도 있다. 아마도 여러분은 겁에 질려 진저리 칠 것이다. 죽은 동물의 일부를 먹는 것이 지극히 정상적으로 여겨지는 까닭은 습관, 전통, 관습 때문이다. 이로 인해 대부분의 사람들은 더 '전통적인' 고기를 대할 때는 이런 반응을 보이지 않는다.

이런 현실이 바뀔까? 한두 세대가 지나 이번 세기 중반쯤에는 사람들이 고기 먹는 습관이 그렇게 널리 퍼졌었다니 믿을 수가 없다며 경악하게 될 거라고 생각하고 싶다.

그리고 늘어나는 인구에게 고기를 먹이려다 보니 결국 다음과 같은 상황이 벌어진다.

공장식 축산

우리는 행복한 돼지와 염소, 솜털이 보송보송한 노란 병아리들을 거느린 암탉, 연못에서 찰방거리는 오리 떼, 들판에서 송아지와 소가 함께하는 목가적인 풍경을 상상하며 자랐다. 아마 어릴 때 이런 식으로 농장 안마당을 보여주는 그림책을 가지고 있었을 것이다. '농장'이라는 단어를 들으면 이런 활기찬 광경을 떠올리리라.

육류 생산업체는 꽃이 만발한 초원에서 풀을 뜯는 소 떼 사진을 보여주고 싶어 한다. 누가 이런 광경을 싫다고 하겠는가? 하지만 그렇게 사는 젖소와 육우가 있을지는 몰라도 소수에 불과하다.

분명히 자기의 동물을 사랑하고 힘닿는 데까지 최선을 다해 돌보는 농부도 있다. 그들의 농장에서는 동물 하나하나를 다 알고, 친절하게 대한다(적어도 동물을 잡기 전까지는 그렇다는 말이다). 이것이 전통적인 축산 방식이었다. 동물을 소규모로 기르고 최대한 집에서 가까운 곳에서 잡으며, 고기를 동네 정육점에 공급한다. 육식은 어떻게 해도 완전히 인도적일 수 없지만, 이렇게 동물을 기르고 잡는 편이 그나마 가장 인도적인 방식이다.

그러나 현대의 집약식 축산, 혹은 '공장식 축산'은 전혀 다르다. 그 이름에서 알 수 있듯이 동물을 생산 라인의 한 품목으로 취급한다. 동물들의 수명은 짧다. 또한 단기간에 최대한 많은 고기, 최대한 많은 우유, 최대한 많은 체중 증가를 위해 선택적으로 동물을 키운다. 이윤이 최우선 순위이다. 전 세계적으로 매년 700억 마리에 가까운 동물을 식용으로 기르는데, 세 마리 중 두 마리가 이런 집약식 축산으로 자란다.

이윤을 극대화하기 위해 말도 안 되게 많은 수의 동물을 한곳에 쑤셔 넣는다. 돼지들을 이런 식으로 두면 서로 해를 입힐 수 있어서 진통제도 없이 이를 깎고 꼬리를 잘라낸다. 양계장 한 동에서는 닭을 5만 마리까지 사육하기도 하는데, 서로를 쪼지 못하도록 부리 끝을 잘라낸다. 식용 닭에게는 성장을 촉진하는 사료를 먹이는데, 너무 빨리 자라 다리가 몸을 지탱하지 못할 정도이다. 달걀을 얻기 위해 기르는 닭은 일 년 내내 최대한 많은 알을 낳도록 개량된 잡종이다. 닭이 더는 알을 낳지 못하게 되면 바로 잡아서 사체의 대부분을 반려동물의 사료로 가공한다.

또한 이렇게 좁은 곳에 빽빽이 갇힌 동물들은 집약식 축산 환경에서 빠르게 퍼지는 질병을 예방하기 위해 항생제를 맞는다. 항생제가 널리 사용되면서 미생물들은 약에 내성을 키우게 되고, 결국 인간을 치료하는 항생제의 약효가 떨어지고 만다. 전 세계적으로 쓰이는 모든 항생제의 70퍼센트 이상이 가축에게 사용된다. 끔찍한 농물 학내라는 점은 제쳐두더라도, 인간에게 끼치는 무시무시한 잠재적 효과를 과연 무시할 수 있을까?

5대 자유

영국 농장동물복지위원회Farm Animal Welfare Council가 1979년 정한 5대 자유는 수의사들이 작성하고, 영국 왕립동물학대방지협회Royal Society for the Prevention of Cruelty to Animals: RSPCA와 미국 동물학대방지협회American Society for the Prevention of Cruelty to Animals: ASPCA, 유럽연합에서 채택했다. 5대 자유는 모든 농장 동물이 다음의 자유를 누려야 한다고 말한다.

---

1. 굶주림이나 갈증으로부터의 자유
건강과 활기를 유지하기 위해 신선한 물과 음식을 쉽게 얻어야 함.

2. 불편으로부터의 자유
거처와 편안한 쉼터를 포함하여 적절한 환경을 제공받아야 함.

3. 고통, 상해, 질병으로부터의 자유
예방, 빠른 진단과 치료를 받아야 함.

4. (가장) 정상적인 행동을 표현할 자유
충분한 공간, 적합한 시설, 다른 동물 친구를 제공받아야 함.

5. 공포와 불안으로부터의 자유
정신적 고통을 피할 수 있는 조건과 처치를 보장받아야 함.

현대의 집약식 축산이 동물들에게 이런 자유를 줄까? 좁은 우리에 빽빽하게 밀집된 닭, 실내에만 갇혀 햇볕 한번 못 쬐고 진흙탕을 파본 적도 없는 돼지, 6주간의 짧은 생애 동안 단 한 번도 물에서 헤엄쳐보지 못하는 오리를 본다면, 답은 물론 아니오이다. 정상적인 행동을 표현할 자유? 불편, 고통, 불안으로부터의 자유? 여러분은 어떻게 생각하는가?

공장식 축산은 우리 대부분의 눈에는 보이지 않는다. 차를 타거나 걸어서 시골을 지나갈 때에도 마찬가지다. 거대한 축사와 양계장의 벽에 가려 볼 수 없다. 그래서 우리가 먹는 고기 대부분이 이런 시스템에서 나온다는 사실을 잘 모를 수 있다. 그리고 도시에 사는 많은 사람들에게 '농장'에서 일어나는 일은 훨씬 더 멀기만 하다.

공장식 축산에 대해 누가 비난을 받아야 할까? 농장주만이 아니다. 정부, 슈퍼마켓, 음식을 사는 사람 모두이다. 즉, 우리다. 다른 선택을 하지 않는다면, 우리도 그 공급망의 일부이다. 우리가 저렴한 고기를 많이 사고 싶어 한다면, 농장주와 슈퍼마켓이 공급할 것이다. 더 비싸더라도 동물 복지를 고려하여 생산한 고기를 원한다면, 그것을 제공할 것이다. 우리가 고기를 아예 구매하지 않는다면, 수요가 확 떨어져서 동물을 더 적게 키울 것이다.

우리가 무엇을 사는지 어떻게 알까?

식품 라벨은 무엇을 말해줄까?

'농장 직송', '산지 직송', '자연산' 같은 용어는 거의 아무 의미도 없다. 무엇보다도 '농장'이 닭 1만 마리를 한곳에 몰아넣은 우리일 수도 있다. 어떤 식품 포장에는 돼지가 활기에 넘쳐 웃음 띤 얼굴로 빨리 소시지가 되고 싶어 안달하거나, 물고기가 파이 속으로 알아서 헤엄쳐 들어가거나, 살찐 칠면조가 크리스마스와 추수감사절을 고대하는 모습이 그려져 있기도 하다. 칠면조나 돼지가 마치 자기들도 신나는 잔치를 즐기려는 양 목에 냅킨을 두른 그림이 붙은 경우도 있다.

국제 동물 복지 단체 컴패션인월드파밍Compassion in World Farming: CIWF과 다른 동물 복지 단체들은 식품에 붙이는 라벨을 더 엄격하고 명확하게 만들기를 바란다. 소는 풀을 뜯을 들판은 고사하고 이파리 하나 구경해본 적이 없는데 다진 소고기 포장에 푸르른 초원 그림이 그려졌다면 사람들은 오해하게 마련이다. 꼬리가 동글동글 말린 돼지 그림은 집약식 시스템에서 많은 돼지들의 꼬리가 잘려나간다는 사실을 숨긴다.

하지만 육류 생산업자와 슈퍼마켓이 라벨 내용을 명확히 밝히는 데 동의할까? 아마도 아닐 것이다. 많은 화장품 제조

업체처럼 그들도 제품이 상품 진열대에 도착하기 전에 무슨 일이 있었는지 여러분이 생각하지 않기를 바란다.

이제 많은 나라가 달걀에 생산 방식을 표기하도록 규제하고 있다. '자연 방사'나 '유기농' 달걀이 최고이다. 돼지고기의 경우 '야외 사육'이라고 표기돼 있다면 돼지가 적어도 열린 바깥에서, 잔디나 진흙탕에서 살아봤다는 뜻이다. 풀을 뜯는 동물에게 제일 좋은 환경은 '방목'이지만, 그렇게 생산된 비싼 고기에 값을 치를 여유가 있거나 그럴 뜻이 있는 사람이 많지는 않다.

고기가 어디에서 오는지, 여러분의 접시 위에 놓인 동물이 어떤 삶을 살았는지 관심이 있다면, 고기를 덜 먹고 비싸더라도 동물 복지 고기를 선택하는 편이 낫다.

몇 가지 잔인한 관행은 동물 복지 단체와 이들을 지지하는 많은 사람의 노력 덕분에 금지되었다. 예전에 산란계들은 너무 작아 날개조차 펼 수 없는 배터리 케이지battery cage에

평생을 갇혀서 살았다. 닭 한 마리가 죽을 때까지 보내는 이 공간은 지금 여러분이 읽고 있는 이 종이 책을 쫙 펼친 것보다 아주 약간 큰 정도이다. 배터리 케이지 사육은 이제 영국을 비롯한 여러 나라에서 불법이다.

최근까지도 몸을 돌릴 수도 없을 만큼 비좁고, 바닥의 널 사이로 대소변이 빠져나가게 만든 틀 안에서 암퇘지를 키우는 것이 가능했다. 암퇘지는 아무런 자극도 받지 못하고 다른 돼지와 놀 수도 없으며 운동도 못 한 채 그저 먹기만 했다. 이런 관행은 이제 영국과 유럽, 캐나다, 미국 일부 주에서 금지되었다. 농장 동물에 대한 보호책이 거의 없거나 전무한 나라가 많기 때문에, 사육 환경에 대한 인식을 높이기 위해 세계 각지에서 할 일이 아직 많다. (한국에서는 축산법 시행령에 따라 닭의 경우 2018년 9월부터 신축 계사에 한해 케이지 적정 사육 면적을 마리당 0.05제곱미터에서 0.075제곱미터로 조정했다. A4용지의 1.2배다. 기존 농가는 7년의 유예를 받았다. 돼지의 경우 2020년부터 교배한 지 6주가 지난 임신돈을 움직일 수 없는 금속 틀에 가두어 키우지 못하도록 하였다. 기존 농가는 10년의 유예를 받았다. — 옮긴이)

코로나19 팬데믹으로 공장식 축산이 인간에게 야기한 위험을 새롭게 인식하게 되었다. 에볼라, 사스, 돼지독감, 조류독감, 지카 바이러스처럼 많은 전염성 질병이 동물에게서 먼저 나타나고, 이어서 인간과 동물의 엄청난 생명 손실을 낳는 팬데믹으로 이어질 수 있다. 또한, 이런 질병은 재래시장에서 아주 빨리 퍼질 수 있다. 이곳에서 동물을 키우고 도축하는 방식은 윤리적으로 문제가 있을 뿐 아니라 인간의 건강에도 큰 위험이 된다.

도축이 '인도적'일 수 있을까?

고양이, 개, 그 밖의 반려동물을 키운다면 안락사라는 힘든 결정을 내려야 할 때가 올 수 있다. 더는 손쓸 도리가 없는 상황에서 동물의 고통을 끝내주기 위해서 하는 책임감 있는 행동이다.

나는 오랫동안 여러 고양이를 키웠기 때문에, 수의사에게로 향하는 이런 슬픈 여행을 몇 차례 떠났다. 언제나 비통한 일이었고 수의사의 충고에 따라 그런 결정을 내려도 조금도 쉬워지지 않았다. 하지만 내 반려동물이 삶의 마지막을 눈앞에 두고 불필요한 고통을 겪도록 놔두지 않는 것이 나의 의무라고 생각한다.

만약 여러분이라면 자신의 고양이나 개가 삶을 마감해야 할 때 도축장으로 보내겠는가? 반려동물을 다른 고양이나 개와 함께 줄지어 처리되도록 건네겠는가? 그들은 피 냄새를 맡고 공포를 감지하고는, 뒷다리가 위로 매달린 채 목이 베어지기 전에 이미 겁에 질려 기절해버릴 것이다(운이 좋다면 말이다). 물론 여러분은 그렇게 못 할 것이다. 그리고 도축당할 운명의 동물들은 여러분의 개나 나의 고양이처럼 늙거나 병들어 자연사할 때가 다 되어서 그곳에 오지 않는다. 돼지, 양, 닭 같은 식용동물은 대개는 고작 몇 달을 살고 죽는다.

육식주의자 대부분은 도축장에서 무슨 일이 벌어지는지를 생각하기 싫어한다. 그리고 굳이 생각할 필요가 없다. 고기는 깔끔히 포장되어 라벨이 붙은 채로 슈퍼마켓에 도착하니까. 잘 운영되는 도축장에서조차 동물들은 공포와 고통을 겪는다. 기절하지 않을 때도 있는데, 그러면 동물은 죽음의 순간을 고스란히 느낀다.

CIWF는 도축에 대해 다음과 같이 우려한다.

- 도축 전에 기절시키기 위해 이산화탄소를 흡입시킨 돼지들. 이산화탄소는 동물이 의식을 잃기 전에 심각한 고통을 유발한다. 처음에는 몸이 타는 듯하다가 그다음에는 익사하는 듯한 느낌을 준다.
- 유럽에서만 1년에 약 10억 마리의 닭이 제대로 기절하

우리가 지금 먹는 만큼의 고기를
지구가 공급할 수 없다.

지 않은 상태에서 도축된다. 닭은 고통스러운 전기 충격을 받지만 완전히 기절하지는 않는다. 그래서 의식이 생생한 상태에서 도살의 고통과 공포를 느낀다.

- 해마다 유럽에서는 200만 마리 이상의 동물을, 오스트레일리아에서는 수백만 마리의 동물을 산 채로 수출한다. CIWF는 살아 있는 동물의 수출을 반대하는 캠페인을 핵심 활동으로 펼친다.

- 해마다 유럽에서 도살되는 10억 마리 정도의 물고기 중 대부분은 비인도적 방식으로 도살된다. 상당수는 그냥 질식사하도록 방치된다. 또한, '부수 어획'이라는 이유로 막대한 생명 손실이 일어난다. 부수 어획은 상어, 돌고래, 거북 등 본래 잡으려 하지 않았으나 잡힌 종으로, 그물에 걸려 이미 죽었거나 죽어가는 채로 바다에 도로 내버려진다. 이 운 나쁜 생물들 중에는 무분별한 어획으로 생명을 잃어 개체 수가 크게 줄어든 종도 있다.

이게 다가 아니다. 하루에 동물 수천 마리를 '처리'해야 하는 노동자들이 속도를 내기 위해 규칙 따위는 무시하고 어기는 현실은 어렵잖게 짐작할 수 있다. 설상가상으로 어떤 노동자는 (부디 아주 소수이기를 바란다) 동물을 함부로 다루고 고문에 가까운 짓을 마구 저지른다. 내가 이곳에 차마 옮길 수 없을 정도로 끔찍한, 도살장에서 벌어지는 고의적 동물 학대와 잔혹 행위는 관련 증거들로 충분히 입증되었다. 밝혀진 사실 중 일부는 자신과 다른 사람이 했던 일에 역겨움을 느낀 도살장 노동자들의 증언과 자료에서 온 것이다.

2018년, 영국은 도살장에 CCTV 설치를 의무화해 최소한의 학대 억제책을 마련했다. 이러한 조치는 이상적으로는 전 세계에 확대되어야 할 것이다.

대규모 육류 생산을 비판적으로 보아야 할 또 하나의 이유는 다음과 같다.

고기는 지구를 희생시킨다

기후변화, 해수면 상승, 야생동물과 서식지 감소의 위협이 눈앞에 닥친 21세기에 우리가 지금 먹는 만큼의 고기를 지구가 공급할 수 없다는 점은 확실하다. 물론 인도처럼 육식이 일반적이지 않은 나라도 있지만, 대부분의 부유한 서구 국가에서는 고기가 주요 식료품이며 식사의 중심을 이룬다. 이는 깊이 새겨진 습관이고 지구에 큰 부담이 된다.

고기를 먹고 싶은 우리의 욕망을 만족시키기 위해 남아메리카의 열대우림이 엄청난 속도로 잘려나간다. 이런 삼림 파괴는 온실가스를 가둬두어 기후변화를 늦추는 숲의 잠재력을 감소시킬 뿐 아니라, 개간된 땅을 이용하는 것도 환경문제를 일으킨다.

많은 땅이 가축의 목장으로 이용된다. 소와 양은 직설적으로 말하자면 트림과 방귀로 메탄을 배출하는데, 메탄은 이산화탄소보다 23배 더 강력한 온실가스이기 때문에 소와 양의 탄소 배출량이 특히 높다. 그래서 소고기와 양고기의 탄소 발자국이 돼지고기와 닭보다 더 높은 것이다.

또한 개간된 땅 중 상당 부분이 콩 재배에 이용된다. 전 세계에서 생산된 대부분의 콩은 동물을 먹이는 데 쓰인다. 그 다음에 인간이 이 동물들을 먹는다. 그 콩은 인간이 바로 먹는다면 훨씬 더 많은 사람에게 돌아갈 수 있는 엄청난 식량 자원이다. 사실 고기를 생산하는 데에는 물뿐만 아니라 콩과 다른 작물도 많이 필요하기 때문에 환경에 막대한 비용을 초래한다. 예를 들어 여러분이 소고기를 먹는다면 고기 자체만이 아니라 간접적으로 소가 태어나서 도살될 때까지 먹고 마신 음식과 물도 먹어치우는 셈이다.

공장식 축산에는 환경문제가 하나 더 있다. 바로 육류 산업에서 나오는 폐기물이다. 돼지, 닭, 혹은 실내에서 키우는

왜
환경주의자들은

고기를 싫어하는가

15,000
LITERS

소고기
1KG을 생산하는 데
들어가는 물의 양

1,250
LITERS

옥수수 또는 밀
1KG을 생산하는 데
들어가는 물의 양

1KG

소고기는

맞먹는다

20KG

곡물과

곡물
2KG

곡물
4-6KG

1KG
집약식으로 키운
닭이나 돼지고기

1KG
양

소고기
1KG은

=

온실가스

1,000KG

에 맞먹는다

전 세계적으로 온실가스 배출의

8-18%

를 농장 동물이 생산한다

출처: 「고기와 환경」, 「이코노미스트」, 2013년 12월 31일.

소 수천 마리가 있는 축사에서는 슬러리slurry라고 부르는 엄청난 양의 똥오줌이 나온다. 그것은 폐기물로 이루어진 거대한 오수 처리용 인공 못으로 향한다. 슬러리는 암모니아를 생성해 대기를 오염시킨다. 안전한 처리에 대한 정부 규제가 있지만, 슬러리는 시내와 강으로 흘러 들어가 심각한 오염을 낳는다. 이는 수중 생물과 식물은 물론 인간에게도 위험을 끼친다.

책임감을 가지고 먹거리를 택하고 '지구를 위해 먹을' 수 있을까?

이 말은 동물과 환경에 더 친화적인 시스템을 위해 집약식축산 육류를 피한다는 뜻이다. CIWF 같은 단체는 방목이 가장 좋다는 입장을 취한다. 소나 양처럼 풀을 뜯는 동물은 잔디처럼 인간이 먹을 수 없는 것을 먹을 수 있는 것, 즉 고기로 바꾸어놓는다.

나는 일부 엄격한 완전 채식주의자처럼 축산업이 아예 없어져야 한다는 주장을 지지하지는 않는다. 동물이 풀을 뜯어서 덕을 보는 땅도 있다. 예컨대 강가의 목초지는 작물이나 나무가 자라기에는 적합지 않지만, 다양한 야생동물이 서식할 수 있게 하고 홍수를 예방한다. 황무지도 그런 예이다. 농작물을 재배하거나 수확할 수 없는 황무지에도 그곳에서만 살아가는 야생동물이 있다. 그리고 이때 소, 양, 사슴처럼 풀을 뜯는 동물들이 나무가 그 지역을 다 뒤덮지 못하도록 해주어야 '생태 복원'(상대적으로 사람 손이 닿지 않은 지역을 식물, 새, 무척추동물이 스스로 번성하도록 놓아두는 것)이 가능하다.

동물을 위한 목장을 밭이나 숲으로 바꾸어야 한다고 말한다면 문제를 너무 단순하게 보는 것이다. 그런 일이 도처에서 벌어진다면 야생동물이 처한 상황과 생물 다양성은 더 악화될 것이다.

그러나 고기를 얻으려고 기르는 동물 대다수는 풀을 먹지 않는다. 전 세계 집약식 축산 시스템에 속한 동물 수십억 마리가 풀은 구경조차 해보지 못한다. 방목 소고기가 탄소 발자국이 낮은 것은 맞지만 그런 고기를 먹기란 사치다. 다른 고기보다 더 비싸다. 또한 동물을 죽여야 한다는 윤리적 문제가 여전히 남는다. 방목 소라도 보통 동물 복지에 더 나쁜 시스템에서 길러진 소나 돼지와 같은 도살장에서 도축된다.

여러분 개인의 탄소 발자국을 계산해볼 수 있는 다양한 웹 사이트와 앱이 있다(예를 들면 www.carbonfootprint.com을 찾아보자). 이런 계산은 여러분이 무엇을 먹었는지, 집 난방을 어떻게 하는지(거주자 수에 따라 나누어서), 어떤 교통수단을 이용하는지, 무엇을 사고 버리는지를 고려한다. 여러분이 먹고 버리는 음식에 따라 개인 탄소 발자국이 약 20퍼센트까지 늘어나며, 고기와 유제품은 우리가 먹는 것 중 탄소 측면에서 볼 때 가장 많은 비용이 들어간다. 탄소 발자국에 대해 연구하고 글을 쓰는 마이크 버너스리Mike Berners-Lee는 그의 책 『바나나는 얼마나 나쁠까?How Bad Are Bananas?』에서 보통 사람이 식단에서 고기와 유제품을 줄이기만 해도 개인 탄소 발자국을 25퍼센트까지 줄일 수 있다고 말한다.

간단히 말하자면, 우리 대부분은 선택할 수 있다. 도축장에서 나온 제품, 그러니까 죽은 동물을 먹을 수 있다. 그들은 대개 좁아터진 환경에서 부자연스러운 삶을 살다가 고통과 공포 속에서 죽어갔다.

또는 먹지 않기로 결정할 수 있다. 동물을 꼭 먹어야 할 필요는 없다. 고기 생산, 특히 공장식 축산이 동물에게 해롭고, 지구에 해롭고, 인간에게 해롭다는 결론에 도달하기란 어렵지 않다.

만약 고기를 계속 먹기로 했다면, 예전보다는 덜 먹고 어떤 고기가 동물에게나 지구에게나 더 친절한 방식으로 키워졌는지 잘 살펴볼 수도 있다.

고기, 줄일까 끊을까?

육식 줄이기에서 좋은 점은 여러분이 어디까지 하고 싶은지 결정할 수 있다는 것이다. 규정집 따위는 없다. 여러분이 가끔씩 포기하거나 실수로 고기를 먹는다 해도 벌칙은 없다.

육식을 줄이거나 더 나은 방식으로 생산된 고기를 먹기 위해 취하는 행동은 어떤 것이라도 다 좋다. 무엇을 먹는지, 그것이 접시까지 어떻게 왔는지, 동물 세계와 환경에 어떤 영향을 미치는지를 여러분이 생각한다는 의미이니까. 완전히 끊지 않으면 소용없다는 식으로 생각할 필요는 없다.

행동을 한꺼번에 바꾸기가 너무 버겁다면 처음에는 작은 실천으로 시작하면 된다. 고기 맛을 너무 좋아해 육식을 완전히 그만두기 어렵다고 생각할 수도 있다. 여러분의 집과 집안 환경에 따라 채식주의자나 완전 채식주의자로 완벽하게 넘어가기 힘들 수도 있다. 하지만 아무리 작은 변화일지라도 이롭다.

여러분이 계속해서 고기를 먹기로 했다면, 다음 면에서 여러분이 실천할 수 있는 변화를 쉬운 단계부터 아주 어려운 단계까지 살펴보도록 하자.

여러분이 식단에 줄 수 있는 변화

고기를 계속 먹기 — 하지만 덜 먹기. 예를 들면 고기를 매일 먹지 않고, 채식 메뉴가 있다면 그것을 선택하기.

어떤 종류의 고기는 그만 먹기 — 예를 들어 소고기나 양고기.

집약식으로 기른 고기는 가능하면 먹지 않기.

육식을 완전히 끊기.

생선도
먹지 않기 —
'얼굴이 있는
것은 어떤 것도
먹지 않기'.

우유, 치즈,
그 외 유제품,
달걀 끊기.

동물 제품은 먹지도 입지도 사지도
쓰지도 않기 — 예를 들어 꿀, 가죽, 비단,
모직.

이 목록에서 나는 마지막 두 가지 사이쯤에 있다. 스스로를 완전 채식주의자라고 말하지만 가끔씩 지역에서 생신된 꿀은 산다. 양봉 농가를 지원해주고 싶어서다. 농가에는 꽃가루를 옮겨줄 벌들이 필요하다. 나는 기업에서 상업적으로 생산한 꿀은 사지도 먹지도 않지만, 더 엄격한 완전 채식주의자는 꿀을 아예 입에 대지 않는다. 나는 가죽이나 비단으로 만든 물품은 전혀 사지 않지만, 모직 니트웨어는 입는다.

고기를 덜 먹기

여러분과 가족이 거의 매일 고기를 먹는다면 아주 특혜를 누리는 집이다. 많은 환경에서 고기는 다른 음식에 비해 비싸기 때문이다.

영국공중보건국Public Health England에 따르면, 영국에서 먹는 고기 양은 전 세계 평균의 두 배에 가깝다. 오스트레일리아와 미국은 그보다도 훨씬 더 많이 먹는다. 다른 여러 나라 사람들은 그렇게 먹을 여유가 없거나, 문화적 혹은 종교적 이유 때문에 그만큼 먹지 않는다.

일부 예외가 있지만 사람들 대다수는 고기와 생선을 주식으로 삼는다. 주로 먹을 육류를 결정한 다음 뭘 곁들일지 생각한다. 고기를 (계속해서 먹는다면) 중심에 두기보다는 가니

시처럼 가장자리에 두는 식으로 식사를 구성함으로써 이를 바꿀 수 있다.

여러분이 외식을 하거나 음식을 포장해 온다면, 고기를 빼달라고 하기는 어렵지 않은 일이다. 친구나 가족 중에 고기를 먹는 사람이 있더라도, 보통은 채식 메뉴를 선택할 수 있다. 콩고기로 만든 버거와 피자를 찾을 수 있고, 인도, 중국, 베트남, 중동 식당에는 늘 채식 메뉴가 있다. 채식을 선택하는 사람이 많아지면서 고기를 제외한 음식을 이제 거의 어디에서나 만날 수 있다.

집에서 요리를 하는가? 만약 한다면 시도해볼 만한 채식 메뉴가 엄청나게 다양하다. 그렇게까지 할 엄두가 안 난다면 밀키트를 이용해보자. 온라인이나 잡지, 요리책에서 요리법을 쉽게 찾을 수도 있다. 다른 사람이 요리한다면 장보기 목록에 고기 피자보다는 채식 피자 같은 채식주의자용 식품이라든가, 식물성 파스타를 만들 때 쓸 강낭콩, 버섯, 토마토 같은 재료를 넣어달라고 부탁해보자.

첫 단계는 언젠가는 고기를 그만 먹겠다고 결심하는 것이 될 수도 있다.

미트리스먼데이#MeatlessMonday 캠페인은 2003년에 미국에서 시작되어 오스트레일리아와 남아프리카공화국을 포함해 40개국 이상으로 퍼져나갔다. 이 캠페인은 고기를 줄이면 얻을 수 있는 많은 이득을 강조한다. "고기를 덜 먹고 건강한 식물성 음식을 골고루 섭취하면 예방 가능한 만성 질병의 발병을 줄이고, 소중한 땅과 물 자원을 보존하고, 기후변화와 싸울 수 있습니다." 이 캠페인은 사람들에게 적어도 매주 하루는 고기를 먹지 않는 날로 삼으라고 독려한다. 그 정도는 누구나 할 수 있을 것이다. 그렇지 않은가? 이 캠페인은 이레 중 딱 하루만이라도 고기를 먹지 않으면, 사람들이 매일 점점 더 건강한 선택을 하게 되리라고 기대한다.

비슷하게 고기 없는 월요일#MeatFreeMonday 캠페인은 2009년에 영국 뮤지션 폴 매카트니Paul McCartney가 두 딸인 패션 디자이너 스텔라Stella, 사진작가 메리Mary와 함께 시작했다. (한국의 고기 없는 월요일의 활동과 채식 관련 정보는 www.meatfreemonday.co.kr에서 찾을 수 있다. — 옮긴이) 고기를 먹지 않겠다고 서약하는 것은 먹는 음식에서 뭔가를 빼다기보다 더하는 일과 같다. 즉 채식 위주 요리법과 새로운 재료를 시도해볼 기회인 셈이다.

이런 것들 대신 저녁식사 전까지 고기를 먹지 않기로 할 수도 있다. 아침과 점심에 채식을 하는 정도는 어렵지 않다.

고기 대체품이 변화를 만드는 데 도움을 줄 수 있다

고기의 맛과 식감을 너무나 좋아하고, 그만큼 맛있는 음식을 찾을 수 없어서 육식을 포기하지 못하는 사람도 있다. 그러나 굳게 결심한다면 여러분은 충분히 극복해낼 것이다. 나는 어릴 때 고기를 좋아했고, 여전히 닭과 양의 맛을 기억한다. 하지만 다시는 고기를 입에 댈 마음이 없다. 생각만 해도 역겨워진다.

여러분이 고기를 먹고 싶다면, 식물성 대체품을 찾으면 된다. 거의 모든 종류의 고기에 대체품이 있다. 콩고기 버거, 채식주의자용 소시지와 민스(다짐육)가 나온 지는 벌써 꽤 되었지만, 최근에는 완전 채식주의자 '햄', '치킨 너깃'은 물론이고 '생선'까지 시장에 나왔다.

나는 고기인 척하는 음식을 좋아하지 않는다. 진짜로 고기가 아닌 게 확실한지 포장을 확인해야만 했던 적이 여러 번이었다. 어떤 버거류는 고기와 너무 비슷해서 육식하는 사람조차 구별할 수 없을 정도이다. 그런 것은 좋아하지 않는다. 한참 전에 육식을 끊었는데 왜 고기를 먹는 척한단 말인가? 하지만 이런 제품들은 채식에 갓 입문해서 고기를 완전히 끊기 힘들어하는 사람에게 도움을 줄 수 있다.

이런 음식에 익숙해지면 더는 고기 생각이 나지 않거나,

식사에서 뭔가 부족하다는 느낌이 들지 않는 때가 온다. 대신 새로운 즐거움을 찾아 누리게 될 것이나. 고기 대체품은 식단에서 고기 중 일부를 대체하거나 혹은 고기를 완전히 끊는 변화를 일으키도록 도와줄 것이다.

채식주의자 되기

채식주의자가 된다는 것은 동물의 살을 먹지 않는다는 뜻이다. 누군가는 '얼굴이 있는 것은 어떤 것도 먹지 않기'로 결심한다. 또 누군가는 붉은 고기(소고기와 양고기)는 식단에서 빼지만 닭과 생선은 계속 먹는 중간 입장을 택한다. 생선은 먹지만 다른 육류는 먹지 않는 사람도 있다. 반半채식주의자flexitarian(육식을 줄이고 있는 사람)나 해산물 채식주의자pescatarian(생선은 먹지만 고기는 먹지 않는 사람)와 같은 다양한 용어가 있다. 여기에 정해진 규칙은 없다. 유일한 규칙은 스스로 만드는 규칙뿐이다. 차차 채식주의자가 되기로 할 수도 있다. 먼저 소고기를 먹지 않고(버거와 민스 등도 포함), 그다음 다른 종류의 고기를 끊고 이후 생선을 끊는 식이다. 대부분의 채식주의자들이 달걀, 유제품, 꿀은 계속 먹는다.

여러분이 먹는 고기 섭취량을 줄이기만 해도 평생 소비하는 동물 수가 크게 달라질 수 있다는 점도 기억해야 한다. 작

"

유일한 규칙은
스스로 만드는 규칙뿐이다.

"

은 발걸음도 어쨌든 한 걸음이다.

"소수의 사람이 완벽하게 해낼 필요는 없습니다. 우리 수
백만이 불완전하게 하면 됩니다." 이 말을 제일 먼저 한 사람
이 누구인지는 몰라도, 제로 웨이스트와 탄소 발자국 감소에
이 슬로건을 적용한 것을 보았다. 채식의 경우에도 딱 들어
맞는 말이다. 어디까지 갈지는 여러분에게 달려 있다. 아주
작은 행동이라도 해보기로 마음먹었다면, 누구도 여러분의
노력을 하찮게 여겨서는 안 된다.

교활한 고기!

동물성 식품을 모르고 먹는 일이 없기를 바란다면, 당장 포
장의 라벨과 성분표를 살펴보는 일에 익숙해져야 하고, 무엇
을 찾아내야 할지 배워야 한다. 수프는 채식 위주의 제품일
지라도 치킨 스톡 등 동물성 조미료가 들어간 경우가 있다.
굳이 넣지 않아도 얼마든지 쉽게 만들 수 있는데도 그렇다.
어떤 샐러드드레싱에는 안초비anchovy가 들어가니 라벨을
확인해야 한다.

유제품과 달걀을 먹는 채식주의자라면 치즈를 구매할 때
잘 살펴야 한다. 치즈도 전부 다 채식용은 아니다. 파르메산
같은 경질 치즈는 송아지 위벽에서 나오는 레닛rennet(우유를

치즈로 만들 때 응고 효소로 사용한다. — 옮긴이)이 들어간 경우가 많다. 페스토pesto는 전통적으로 파르메산이나 그라나파다노 치즈로 만드는데, 채식용인지 아닌지는 병을 보아서는 쉽게 알기 어렵다. 요즘에 채식주의자용 페스토는 구하기 쉬운 편이니 라벨을 확인하자!

젤리, 여러 종류의 단것과 디저트, 일부 요거트에 들어가는 젤라틴gelatin은 채식주의자용이 아니다. 젤라틴은 가죽, 힘줄, 인대, 뼈 등(기본적으로 도살 과정에서 남은 동물의 파편)을 물에 넣고 끓여서 만든 단백질이다. 듣기만 해도 끔찍하지 않은가? 마시멜로를 먹으면서 그런 것들을 떠올리고 싶지는 않을 터이다. 다행히도 최근엔 이런 동물성 단백질을 대체할 식물성 젤라틴이 나오고 있으니 마시멜로, 무스, 젤리를 즐긴다면 먼저 확인해보자.

이렇게 라벨을 다 살펴보자니 귀찮게 느껴질 수도 있지만, 어떤 제품과 브랜드가 채식주의자용인지, 여러분이 어떤 음식을 제일 좋아하는지 알아내는 데는 그리 오래 걸리지 않는다. 여러분이 무엇을 사거나 먹는지 잘 확인하려면, 채식주의자용을 뜻하는 V 표시나, '채식주의자에게 적합함Suitable for Vegetarians'이라는 문구를 찾으면 된다. 일부 슈퍼마켓 체인은 자체 로고를 사용해 조금씩 다른 경우가 있지만, 채식주의자와 완전 채식주의자 상징은 국제적으로 사용된다.

카페나 레스토랑에서 외식할 때는 메뉴에 들어간 품목이 정확히 표기되어 있지 않다면 수프에 육류 조미료가 들어갔는지, 디저트에 젤라틴이 포함되었는지 항상 확인하자. 많은 음식 공급업체가 이제는 채식주의자가 먹을 수 있는 요리에 굳이 치킨 스톡이나 젤라틴을 쓸 필요가 없다는 메시지를 받아들이고 있다.

디저트와 케이크에는 달걀, 우유, 크림이 들어가는 경우가 많다 보니 완전 채식주의자에게는 더 어려울 수 있다. 대부분의 메뉴가 채식주의자용이라고 명확히 표시해놓고 있지만, 디저트의 경우에는 다르다. 다행히도 이 시장에서의 상황도 변하고 있다. 이제는 맛 좋은 완전 채식주의자용 아이스크림, 셔벗, 그 밖의 디저트를 내놓는 곳들이 많아졌다.

채식주의자나 완전 채식주의자가 되려면 돈이 많이 들까?

꼭 많은 돈을 써야 할 필요는 정말 없다. 전문적이거나 아주 구하기 힘든 재료를 구입하느라 지출이 늘어나리라 생각할지도 모르지만, 건강하고 균형 잡힌 식사를 위해 그렇게까지 할 필요는 없다.

일부 채식주의자와 완전 채식주의자용 요리책이 이따금

희귀한 재료를 나열하는 경우가 있긴 하지만, 꼭 필수적이지는 않다. 흔하고 저렴한 재료만으로도 다채로운 요리를 만들 수 있다. 채소, 과일, 씨앗, 곡물, 콩, 쌀과 파스타, 허브와 향신료, 그 밖의 조미료만 있으면 훌륭한 채식 요리가 탄생한다. 유제품을 먹는 사람에게는 우유, 치즈, 달걀, 요거트도 있다. 여러분이 거주하는 지역에서 신선한 야채를 구하기 어렵다면 캔에 든 냉동 제품을 활용해도 좋다.

『레이철 아마의 채식 요리Rachel Ama's Vegan Eats』를 쓴 레이철 아마는 주변 슈퍼마켓에서 구입 가능한 단순한 재료로 맛있는 음식을 만들 수 있다고 강조한다. 채식 위주의 요리는 특별하거나 잘난 사람을 위한 것이 아니다. 사실 고기를 구매하지 않는다면 여러분 자신이나 가족의 식비를 꽤 줄일 수 있다.

건강해지자!

미국암연구협회American Institute for Cancer Research는 통곡물, 채소, 과일, 콩 등 채식 위주의 식단이 암을 예방하고 건강을 유지하는 데 큰 역할을 한다고 말한다. 식물성 음식은 암 예방에 도움을 주는 섬유질, 영양소, 피토케미컬phytochemi-

cal(식물 화학물질로 인체에 항산화, 소염 작용 등을 한다. — 옮긴이)
이 더 풍부하기 때문이다.

채식 식단은 따라 하기 쉬울 뿐만 아니라 균형 잡힌 식사를 하기만 하면 건강에도 좋다. 고기를 먹지 않겠다면서 감자 칩과 튀김, 베이크드 빈baked bean을 주식으로 먹고 사는 십 대들에 관해 들은 적이 있다. 이런 것만 먹고서는 건강을 유지하는 데 필요한 영양소를 다 얻지 못할 것이다!

여러분이 채식주의자가 된다면 과일, 채소, 섬유질을 전보다 더 많이 먹고, 지나친 섭취 시 심장 질환이나 고혈압을 불러올 해로운 동물성 지방은 덜 먹게 될 것이다. 아직 젊다면 이런 문제를 걱정하지 않겠지만, 식물성 식단으로 바꾸면 지금부터 먼 훗날까지의 건강에 좋은 습관을 기를 수 있다.

단, 특정한 알레르기나 건강상 문제가 있거나 섭식 장애를 겪은 적이 있다면 식단을 갑자기 바꾸기보다는 의사나 영양사에게 먼저 조언을 구하자.

건강을 유지하기 위해
고기를 반드시 먹어야 할
필요는 없다.

건강 전문가가
우리에게 하는 조언

매일 다섯 가지
이상의 다양한
채소와 과일
섭취하기

감자, 빵, 쌀,
파스타처럼
섬유질이 풍부한
탄수화물을
기본으로 식사하기

물 많이 마시기
(적어도 하루
여섯 컵에서
여덟 컵)

불포화지방산이
풍부한 오일과
스프레드를
고르고, 조금씩만
먹기

유제품 또는
강화된 유제품
대체품(두유 등)
먹기

콩, 생선, 달걀 등
단백질 챙기기

이 조언 중 건강을 유지하기 위해 고기를 반드시 먹어야 한다고 말하는 것은 하나도 없다. 영국영양재단British Nutrition Foundation에 따르면, 전형적인 영국 식단에는 대개 동물성 제품에서 나온 단백질이 하루에 우리가 필요로 하는 양보다 더 많이 들어 있다. 앞서 말했듯이 고기와 유제품, 특히 햄과 베이컨처럼 가공된 고기를 지나치게 섭취하면 암, 심장 질환, 뇌졸중 같은 질병이 오기 쉽다. 그리고 미국과 오스트레일리아의 전형적인 식단은 영국보다도 훨씬 더 육류에 치우쳐 있다.

채식주의 식단에서도 대부분의 사람에게 필요한 모든 단백질, 비타민, 미네랄을 찾을 수 있다. 완전 채식주의자의 경우 부족할 가능성이 높은 영양소는 비타민 B12뿐인데, 이는 매일 영양제를 복용하는 방법으로 보충이 가능하다.

아직 완전 채식주의자까지는 아니었을 때 내 식단에는 지방이 너무 많았다. 많은 채식주의자처럼 나도 치즈를 무척 좋아해서 요리에도 넣고, 냉장고에 간단한 치즈 스낵을 구비해두고 자주 먹었다. 버터와 크림뿐 아니라 치즈도 포화지방을 함유하고 있어서 아무 생각 없이 먹으면 안 된다. 누구나 어느 정도의 지방 섭취는 필요하지만, 고기 대신 지방질이 많은 치즈를 잔뜩 먹는 것은 좋은 방법이 아니다.

완전 채식주의자가 되려면 필요한 비타민을 모두 먹고 있는지 더 잘 살펴야 하지만, 대체로 건강하고 균형 잡힌 식단을 유지할 수 있다.

왜 완전 채식주의자가 되는가?

완전 채식주의는 한 걸음 더 나아간다. 채식주의자 되기가 음식 섭취 차원의 문제라면, 완전 채식주의자 되기는 삶의 철학에 좀 더 가깝다. 동물 제품을 쓰지 않겠다거나 동물에게 해를 끼치는 일은 아무것도 하지 않겠다는 원칙 말이다. 하지만 완전 채식주의자라고 해서 누구나 다 이렇게 생각할 필요는 없다. 건강이나 환경상의 이유로 완전 채식주의자가 된 사람도 있으니까 말이다.

나는 채식주의자에서 완전 채식주의자로 나아가기까지 오랜 시간이 걸렸다. 십 대 후반일 때 완전 채식주의자가 되려고 했지만, 너무 힘들어 포기하고 다시 유제품을 먹기 시작했다. 집에서 혼자 밥을 먹을 때는 괜찮았지만, 외식하거나 친구를 방문하면 귀찮은 일(음식 성분을 물어보고, 포장을 살피고, 대접받은 음식을 물려야 하는 일련의 과정)이 생겼기 때문에 완전 채식주의자 되기가 내 신념에도 별 도움이 되지 않는다고 생각했다.

그 당시 사람들은 채식주의자를 유별나다고 여겼고, 완전 채식주의는 금욕에 가까운 극단주의로 간주했다. 하지만 나는 내 식단에서 유제품과 달걀을 빼지 못하면서 고기만 삼가는 일이 논리에 맞지 않는다고 생각해 내내 양심의 가책을 느꼈다.

나는 4년 전 다시 완전 채식주의자가 되었다. 이번에는 바꾸기가 훨씬 더 쉬워서 왜 그렇게 오래 끌었을까 의아할 정도였다. 슈퍼마켓, 식료품점, 카페, 식당 등에서 고기와 유제품의 대체품을 구할 수 있게 되면서 이제는 완전 채식주의가 널리 인정받고 있다. 선택의 폭은 계속 넓어져간다.

내가 처음 요리를 시작했을 때, 좋아하던 요리책 중 하나는 당연히 채식주의자를 위한 것이었다. 소개 글에는 "동물이 자유롭게, 기꺼이 내놓은" 유제품과 달걀이 요리 시 필요한 재료에 포함되었다고 쓰여 있었다. 흠. 하지만 당시에는 그 말을 믿는 수밖에 없었다.

우유와 달걀 제품도 육류 산업 못지않게 학대 문제와 깊이 연관되었을 수 있다.

대중적인 유제품과 달걀 제품에서 피할 수 없는 문제는 수탉과 송아지는 아무 쓸모가 없다는 점이다. 집약식 시스템에서 수탉은 생후 며칠 만에 도축된다. 다른 포유동물과 마찬가지로 젖소는 송아지가 없으면 우유를 생산하지 않는다. 그러나 송아지는 보통 출산 직후 어미 소 곁에서 떨어져 도축되거나 송아지 고기를 얻기 위해 사육된다.

또한, 젖소와 산란계는 생산하는 우유와 달걀 양을 늘리기 위해 선별되어 길러지며, 생산성이 떨어지면 곧장 도살된다. 그들의 고기는 인간이 먹기에는 질이 떨어진다는 이유로 반려동물 사료로 쓰인다.

고기만이 아니라 유제품과 달걀까지 끊는다면 이런 학대와 거리를 두게 된다. 결단력이 필요한 일이지만, 나는 더 일찍 바꾸지 못한 점이 아쉽다.

어떤 사람들은 아직도 완전 채식주의 식단이 육식하는 사람은 알아보지도 못할 정도로 괴상한 것들로 이루어졌으리라 상상한다. 좋아하는 음식은 죄다 끊고 이상한 대체품이나 찾아다녀야 할 거라고 말이다. 실은 그렇지 않다. 완전 채식주의자도 피자, 파스타, 버거, 파이, 리소토, 캐서롤, 볶음 요리, 구이, 빵, 케이크, 아이스크림을 먹는다. 다시 말해 남들과 별반 다르지 않다. 채식 위주 성분을 고르기만 하면 되는 문제이다.

미래에는……

벌레를 먹게 될까?

나는 벌레는 먹기 싫다. 아마 여러분도 그렇지 않을까. 하지만 벌레를 먹으면 포유동물이나 조류를 기르고 도축하거나 서식지를 파괴하지 않고서도 전 세계 인구에게 단백질과 영양분을 효과적으로 공급할 수 있다. 나처럼 여러분도 어떤 생명을 빼앗아야만 얻을 수 있는 것은 절대 먹지 않기로 원칙을 정했다면, 벌레라고 예외를 두지는 않을 것이다. 나는 계속 채식 위주 식단을 고수할 것이다. 내 접시에 거저리나 개미 알은, 고맙지만 됐다.

하지만 환경을 생각하면 벌레를 먹는 것이 맞을 수도 있다. 그렇다, 정말 그러고 싶지 않겠지만 벌레를 키우고 죽여야 할지도 모른다. 고기를 얻기 위해 돼지나 소를 키울 때 배출되는 온실가스 양은 전 세계 온실가스 발생 총량의 18퍼센트에 달한다. 벌레 사육은 온실가스를 훨씬 적게 배출하고 물도 덜 필요로 한다.

우리가 어떤 것은 구역질 나고 어떤 것은 구미가 당긴다고 할 때, 거기에 논리가 작동하지는 않는다. 그중 상당수는 관습과 우리가 무엇에 익숙해졌느냐에 달려 있다. 예를 들어 사람들은 식당에서 비싼 돈을 주고 가리비를 먹지만 달팽이는 인기가 그만 못하다. 그리고 메뚜기나 새우나 무엇이 다를까?

많은 문화권에서 이미 벌레를 먹고 있으며 전혀 이상하게 여기지 않는다. 메뚜기나 딱정벌레 등에는 무게당 소고기에 맞먹는 단백질이 들었고, 철은 시금치보다도 많으며, 비타민 B12는 연어와 비슷하고, 아미노산 아홉 가지가 모두 있다. 벌레는 싸고 영양이 풍부하며 분명 맛도 좋을 것이다.

지구를 망가뜨리지 않고서 전 세계를 먹여 살릴 방법을 찾아야 한다면 벌레는 식량으로서 한몫할 수 있을 것이다.

배양육은 어떨까?

연구실에서 키운 고기인 배양육은 서식지를 파괴하거나 동물을 집약식으로 키우지 않고서도 고기를 먹고 싶어 하는 인간의 욕구를 채워줄 또 다른 방법이다. 변화를 이끌어낼 만큼 대규모 생산이 가능한지, 가격이 충분히 저렴한지는 아직 알 수 없지만 이미 시험 중이다.

채식주의자와 완전 채식주의자도 배양육을 먹게 될까? 먹고 싶어 할까? 아마도 아닐 것이다. 배양육은 여전히 살아 있는 동물의 세포에서 시작하고, 어떤 이는 고기 맛이 나는 것은 무엇이 되었든 다시는 먹지 않으려 할 테니까. 학대나 죽음과 전혀 연관이 없다 해도 말이다.

어떻게 라벨을 붙여야 할지, 아니 '고기'라 부를 수 있을지를 놓고 논쟁이 계속될 것이다. 그러나 동물의 고통을 줄여주면서 동시에 탄소 배출도 경감할 수 있다면, 나로서는 반대할 이유가 없다.

아주 작은 행동이라도
해보기로 마음먹었다면,
누구도 여러분의 노력을
하찮게 여겨서는 안 된다.

동물 학대
방지 패션

동물 학대를 하지 않는 것이
유행을 따르는 것이다.

수십 년 전, 모피 코트는 부자만 입을 수 있는 부의 상징이었다. 그때는 밍크나 비버 코트를 입고 남들 앞에 돌아다녀도 전혀 이상하지 않았다. 사실 사치스럽게 잘 차려입었다며 감탄의 대상이 되곤 했다.

최근에는 상황이 완전히 바뀌었다. 여러분은 모피 코트를 입을 생각을 하지 않을 것이다. 경제적 여유가 있다 해도 사지는 않을 것이다. 동물을 윤리적으로 대우하는 사람들Peo-ple for the Ethical Treatment of Animals: PETA은 모피 반대 캠페인을 30년 이상 펼쳐왔다. "모피를 입느니 벗고 다니겠다"라는 구호 옆에서 나체로 포즈를 취한 톱 모델과 명사들과 함께였다. 이런 명분을 위해 옷을 벗은 지지자 중에는 핑크P!nk, 데니스 로드먼Dennis Rodman, 에바 멘데스Eva Mendes, 패멀라 앤더슨Pamela Anderson 등이 있다.

PETA 웹 사이트에는 완전 채식주의자 의류를 판매하는 브랜드의 목록이 있는데, 시내 번화가 상점들과 V 라벨이 붙은 완전 채식주의자 아이템만 판매하는 회사가 포함되어 있다. 이들 중 일부는 PETA에서 승인한 라벨을 이용한다.

고급 브랜드를 포함하여 많은 패션 디자이너와 브랜드가 더 이상 모피를 쓰지 않겠다고 약속했다.

이를 보면 모피를 판매하는 고급 체인은 더 이상 찾기 힘들겠다고 생각할지 모르겠다. 하지만 주의해야 한다. 싸움은 아직 끝나지 않았다! 모자 달린 코트 등 많은 옷에는 사육하거나 야생에서 사냥한 동물에게서 얻은 모피가 장식된 경우가 있다. 라벨을 엄격하게 붙이지 않는 시장 가판대나 할인점에서 살 때는 더욱 꼼꼼히 확인해야 한다.

앙고라에 대고 싫다고 말하기

모헤어를 입으면 기분이 아주 좋을지 모르지만, 다양한 제품을 생산하기 위해서는 많은 앙고라토끼를 희생시켜야 한다. 모헤어는 스웨터, 털장갑, 모자에 쓰이는 부드럽고 두꺼운 모직이다. 대부분 이런 곳에 쓸 용도로 작은 우리에서 토끼를 사육한 뒤, 털을 깎거나 가죽을 벗겨낸다.

조사에 따르면 털 깎기 과정은 잔인하고 부주의해서 토끼들은 고통 속에 비명을 내지른다. 토끼들은 석 달에 한 번씩 이런 고초를 겪어야 하며, 우리에서 평생을 홀로 보낸다. 사교성이 좋은 동물에게는 엄청난 스트레스다. 자연스럽게 털갈이를 할 때까지 기다리는 식으로 학대 없이 털을 얻는 방법도 있지만, 모헤어는 대체로 이런 식으로 얻지 않는다.

가끔은 적은 양의 모헤어가 스웨터의 다른 모직에 섞여

있기도 하기 때문에, 라벨을 확인해야 한다. 얼마 전에 자선 중고품 가게에서 예쁜 스웨터를 사고 보니 그런 경우였다. 집에 와 라벨을 자세히 살펴보고 나서야 적은 양이지만 모헤어가 섞였음을 알았다. 제조업체에 직접 돈을 준 것은 아니라 해도, 양심상 도저히 그렇게 잔인하게 생산된 옷을 입을 수는 없었다. 결국 그 옷을 다른 자선 중고품 가게에 기부했다. 그 가게가 그 옷을 되팔면, 자선도 할 수 있고 옷도 버려지지 않는다.

부드러운 점퍼, 장갑 등속에 대해서는 텐셀Tencel, 삼베, 대나무 원단, 유기농 면 등 동물 학대를 하지 않은 대안이 많다. 그러니 학대 없이 윤리적 방식으로 생산되었다고 확신할 수 없다면 부디 모헤어는 고르지 말아주시길.

다른 모직 종류

엄격한 완전 채식주의자들은 완전 채식 철학이 동물에게서 얻은 모든 것의 사용을 반대하기 때문에, 어떤 종류의 모직 옷도 입지 않는다. 또한 운동가들은 털을 깎을 때 양들이 거칠게 다뤄져 몸이 베이기도 하고, 상처가 난다는 점을 지적한다. 게다가 수명이 다한 양은 식용으로 도축되기도 한다.

캐시미어는 파키스탄과 인도 사이 분쟁 지역인 카슈미르에서 이름을 딴 값비싼 모직 제품이다. 캐시미어는 카슈미르 염소의 아주 질 좋은 털로 짠다. 카슈미르 염소는 중국, 이란, 몽골, 아프가니스탄에서도 기른다. 유목민이 키우기도 하지만, 캐시미어 수요가 많다 보니 지금은 상업적으로 대규모 사육을 해서 풍경을 망친다. 어떤 보고서는 겨울에 염소들의 털을 깎는다고 밝힌다. 캐시미어 스카프와 스웨터 수요가 가장 많을 시기이기 때문이다. 하지만 겨울은 염소에게 털의 온기가 가장 필요한 때이기도 하다.

양이 풀을 뜯는 것이 풍경과 서식지, 다른 많은 종에게 이로울 수 있기 때문에 나는 아직도 양모에 대해서는 어떻게 생각해야 할지 잘 모르겠다. 새 모직 옷을 사지 않은 지가 꽤 오래지만, 이미 가지고 있는 스웨터와 코트는 여전히 입고 다닌다. 동물과 관련된 다른 많은 이슈와 마찬가지로, 이 문제에서도 옳고 그름의 구분이 똑떨어지지 않는다. 어떤 원칙을 더 중시하느냐의 문제인 경우가 많다.

악어와 뱀

파충류의 가죽은 전통적으로 신발, 가방, 벨트와 시곗줄 같은 액세서리를 만드는 데 이용되었다. 그리고 이 경우에는 가죽이 고기의 부산물이라는 변명은 통하지 않는다. 악어는 보통 순수하게 가죽을 얻을 목적으로 키워진다. 이런 패션 아이템은 눈이 돌아갈 만큼 비싼 값에 팔리며, 부의 상징으로 통한다.

핸드백 하나를 만들려면 악어 두세 마리를 잡아야 한다. 아주 부자라 해도 멋쟁이로 보이겠다며 고통받고 죽어간 파충류로 만든 가방을 정말로 가지고 다니고 싶을까? 정 그게 보기 좋다면, 가짜 악어와 뱀 가죽도 있다. 진짜로 도축한 동물 값과는 비교도 안 되게 싸다. 하지만 이런 것들은 여전히 악어나 뱀처럼 보이도록 다른 동물 가죽에 무늬를 찍어 만드는 경우가 많으니 어떤 종류든 동물 가죽을 피하고 싶다면 꼼꼼히 확인해야 한다.

자, 그럼 이제 다음 이야기로 넘어가 보자.

발에는 뭘 신을까?

동물 제품을 쓰지 않겠다면, 가죽에 대해 생각해보아야 한다. 대부분의 사람이 다양한 식으로 가죽을 쓰거나 입는다. 허리띠, 지갑, 가방, 시곗줄, 그리고 가장 흔한 것은 신발과 부

"

핸드백 하나를 만들려면
악어 두세 마리를 잡아야 한다.

"

츠이다. 가죽 재킷과 바지도 유행을 탄다. 가죽옷은 신체를 잘 보호해서 오토바이 타는 사람들에게 항상 인기가 좋다(이제는 비슷한 성능의 합성 대체 제품들이 있지만).

채식주의자가 된 후에도 수년 동안 나는 계속 가죽 신발을 신으면서 스스로에게 '이건 유제품 산업에서 나온 부산물이니까 써도 괜찮아'라고 말했다. 하지만 얼마 지나지 않아 새 부츠가 필요해졌을 때, 죽은 동물 가죽에 돈을 낸다는 생각에 역겨움을 느꼈다. 그 후로는 가죽 신발을 사지 않았고, 가진 것들도 중고품 자선 가게에 기부했다. 지금은 30년 전에 산 정원용 부츠 한 켤레 말고는 가죽 제품이 하나도 없다. 이치에 맞지 않으니 그것도 떠나보내야 할지 모르지만, 그 대신 다 해어질 때까지 신다가 식물성 장화로 바꾸기로 마음먹었다. (여기에서 두 가지 원칙이 충돌한다. 가죽 제품을 신고 싶지 않지만, 한편으로는 아직 쓸 만한 것을 버리기도 싫다. 내 장화는 너무 낡고 헐어서 중고품 자선 가게에서 팔리지도 않을 테니 결국은 쓰레기 매립지로 가는 신세가 될 것이다.)

음식의 경우와 마찬가지로 채식주의자용 신발도 예전보다 훨씬 쉽게 살 수 있게 되었다. 많은 회사가 요즘은 일부 신발에 채식주의자용 라벨을 붙인다. 동물 가죽을 전혀 쓰지 않았을 뿐 아니라, 신발이나 장화를 만드는 데 사용한 접착

제도 동물 성분이 아니라는 뜻이다. 또한, 채식주의자용 신발만 생산하는 전문 신발 회사들도 있다.

가죽이 유제품 농업의 부산물이라는 나의 예전 생각은 좀 안일했다. 어느 정도는 그럴 수 있지만, 더는 그런 핑계를 대지 않겠다. 어떤 동물은 순전히 가죽이 벗겨지기 위해 죽임을 당하고, 가죽 제품은 동물 복지 수준이 낮은 나라에서 생산되기도 한다. 가죽을 위해 이용되는 동물의 운명을 보았다면, 틀림없이 더 일찍 포기했을 것이다.

패스트 패션의 종말?

패션은 재미있다. 옷은 우리 자신과 우리의 개성을 표현하는 방법이다. 거의 일주일 내내 교복을 입어야 한다면, 스스로 옷을 고르는 일은 특히 중요하다. 여러분의 스타일은 개성과 문화를 반영하거나, 어떤 종류의 음악 또는 세상에 대한 관점을 선호하는지를 드러낸다.

패스트 패션은 우리가 당연하게 받아들이는 삶의 일부가 되었다. 몇 주마다 상점에 새 옷이 출시되고, 잡지, 소셜 미디어, 웹 사이트는 우리에게 옷을 계속 사라고 부추긴다. 패션 산업은 매 시즌마다 새로운 유행을 만들어내어 소비자가 지난해 옷은 구닥다리니 새 옷으로 바꾸어야 한다고 여기게끔 해야 유지된다. 어떤 인플루언서는 같은 옷을 두 번 입을 수는 없다고 주장한다. 얼마나 웃기지도 않은 낭비인가? 이제는 마음 내키면 화면을 한 번 터치하거나 마우스 클릭 한 번으로 옷을 쉽게 살 수 있다.

패스트 패션 산업은 과소비와 낭비를 부추긴다. 에티컬컨슈머Ethical Consumer('윤리적 소비자'라는 뜻의 웹 사이트로 제품을 윤리적 관점에서 종합적으로 평가해 소비자에게 제공한다. — 옮긴이)가 밝혔듯이 패스트 패션에 대한 강박적 집착은 사람, 환경, 동물보다 그저 이윤 추구를 우선시하는 행위다.

여러분은 패션과 낭비에 대한 이 장이 동물과 어떤 관련이 있는지 의아해할 수도 있다. 낭비와 과소비는 서식지를 망가뜨린다. 제품이나 포장이 쓰레기 매립지로 가서 땅과 물을 오염시키고, 천을 세탁할 때 위험한 초미세 합성섬유가 퍼진다. 지구상 모든 생명을 위협하는 기후 비상사태에 더해지는 탄소 문제도 있다.

좋은 소식은 우리에게 더 나은 선택지가 있다는 것이다. 하지만, 먼저 패스트 패션이 왜 낭비인지 좀 더 알아보자.

옷의 보급 라인은 복잡하다. 원자재에서 옷을 생산해내고, 상점으로 이송하기까지 패션 산업에서 얼마만큼 자원이 낭비되는지 추적하기 어려울 때가 있다. 하지만 꽤 단기간에 팔리지 않은 옷들이 종종 소각되거나 쓰레기 매립지로 보내진다는 사실은 우리 모두 알고 있다. 어떤 옷은 아예 상점까지 가지도 못한다. 영국 자선단체 폐기물 및 자원 행동 프로그램Waste and Resources Action Programme: WRAP은 해마다 제조업체, 소매업체, 개인이 버린 1억 4,000만 파운드(약 2,260억 원) 상당의 의류가 쓰레기 매립지로 간다고 추산한다. 유고브YouGov(인터넷에 기반을 둔 국제 시장조사 기관. ― 옮긴이) 조사에 따르면, 지난해 옷을 버린 사람들 중 16퍼센트가 딱 한 번 입고 나서 버렸다고 말했다. 의류 생산에 들어간 모든 자원(인적 비용, 생산 비용, 운송)이 낭비되었다는 뜻이다.

그리고 플라스틱 문제가 있다. 해마다 버린 옷에서 50만 톤가량의 화학성 섬유가 나온다. 폴리에스터, 나일론, 아크릴, 폴리아미드 같은 섬유가 버려질 때마다 수천 가지의 초미세 합성섬유를 퍼뜨린다. 플라스틱이 바다로 가면, 대부분은 영원히 거기 남아서 해양 오염을 악화시키고 야생동물을 위협한다. 더 알고 싶다면 영국 해양보존협회Marine Conservation Society와 그들의 캠페인 #StopOceanThreads를 찾아보자.

플라스틱 입자는 북극의 눈에서부터 대양 가장 깊은 곳까지, 그리고 지구상에서 가장 외딴곳에 사는 물고기, 새, 포유동물의 사체에서도 발견되었다. 새로운 기술은 미세 플라스틱과 나노 플라스틱 입자들이 우리 몸속에도 있음을 밝혔다.

또한, 패스트 패션에 들어가는 인적 비용이 있다. 빠르게 생산되는 많은 옷을 만드는 건 저임금 노동자다. 글로벌 브랜드가 판매하는 옷들은 노동 조건이 열악할 뿐 아니라 위험하기까지 한 공장에서 생산된다. 2013년, 방글라데시 공장 건물이 붕괴해서 노동자 1,100명 이상이 죽었다. 그들은 아마도 여러분이 근처 도시에서 보았을 상점에서 팔리는 국제적인 고급 브랜드의 옷을 생산하던 중이었을 것이다.

이 밖에도 패션은 심각한 탄소 배출 문제를 내포한다.

여러분이 자신의 탄소 발자국에 대한 질문을 받는다면, 아마도 제일 먼저 차로 얼마나 많이 여행을 다니며, 얼마나 자주 비행기를 타는지부터 생각할 것이다. 하지만 여러분의 탄소 발자국은 여러분이 사고 쓰는 모든 것으로 이루어지며, 패션도 예외는 아니다.

패션 산업은 탄소 배출량에 가장 큰 몫을 차지하는 주요 산업 중 하나이다. 영국의 순환 경제 연구소 엘런맥아더재단 Ellen MacArthur Foundation의 최근 보고서에 따르면, 섬유 산업은 해마다 모든 비행기와 선박의 운항에서 발생하는 양보다도 더 많은 온실가스를 방출한다. 정말로 충격적이다. 그 모든 것이 다 어디에서 나올까?

직물과 섬유 생산이 가장 큰 부분을 차지하고, 운송(해상 운송, 창고로의 운송, 개인 구매자에게 발송)이 그다음이다. 여러분이 고작 한두 번 입고 버리는 드레스나 티셔츠 한 장을 위해 이 모든 것이 들어간다. 그리고 여러분이 더는 그 옷을 원하지 않는다면 어떤 일이 일어날까? 소각하든 쓰레기 매립지로 보내든 더 많은 낭비를 낳을 것이다.

이런 규모의 문제는 감당하기 어려울 정도로 엄청나다. 환경과 인간, 동물의 생명에 주는 피해를 알면 충격을 받을 것이다. 하지만 개인으로서 우리는 무엇을 할 수 있을까?

여러분이 입는 것을 통해 탄소 발자국을 줄이는 간단한 해답은 덜 사고, 옷을 되도록 여러 번 입고, 수명이 다하면 제대로 처분하는 것이다.

'덜 사고, 이미 갖고 있는 것을 잘 활용하기'란 말처럼 쉽지 않을 수도 있다. 성장하거나 체형이 변하거나 유행을 따르고 싶어서 새 옷을 사야 할 수도 있다. 그러나 다른 경우와 마찬가지로 패션에서도 무엇을 사거나 사지 않기로 선택하는 일은 커다란 영향력을 지닌다. 모든 작은 변화 하나하나는 도움이 된다.

그리고 나쁜 소식만 있는 것은 아니다. 동물 제품을 피하고, 환경친화적 섬유와 직물을 택하고, 생산 과정에서 노동자의 복지에 관심을 갖는 패션 브랜드가 있다. 윤리적 패션을 첫째가는 원칙으로 삼는 전문 브랜드도 있다. 일부 고급 체인은 지속 가능성에 대한 서약을 했고, 그들의 웹 사이트에 관련 내용을 게재했다. 그러나 이런 브랜드가 친환경인 척 흉내만 내는 것은 아닌지 확인하려면 좀 더 품을 들여야 한다. 일하는 방식을 실제로 바꾸지 않고서 환경친화적이라고 주장하는 것은 아닌지 잘 알아봐야 한다.

윤리적으로 생산된 옷은 대개 일반적인 옷보다 비싸고, 소규모 전문 회사의 것이라면 더욱 그렇다. 누구나 다 이런 옷을 살 만큼 여유롭지는 않다. 하지만 지속 가능한 직물이 점점 더 널리 퍼져 이를 쉽게 구할 수 있게 된다면 가격 하락을 기대해볼 만하다. 그럴 동안 우리 모두 덜 사고 가진 것을 최대한 활용할 책임이 있다.

요즘 일부 친환경 회사는 재활용한 면, 유기농 대나무와 마로 만든 직물은 물론이고, 재활용한 플라스틱이나 폴리에스터로 만든 옷도 생산한다.

미래에는 어떤 직물이 나올까? 모달Modal은 너도밤나무로 만들고, 텐셀은 목재펄프를 녹여서 만든다. 피냐텍스Piña-tex는 파인애플 잎을 이용해 생산한 완전 채식주의자용 가죽이며, 큐모노스Qmonos는 거미줄로 만든다(거미를 해치지 않고서!). 주스를 만들 때 오렌지에서 나온 찌꺼기를 이용한 시트러스 실크Citrus silk가 시칠리아에서 개발 중이다. 그리고 이러한 기술적 혁신이 더 많이 등장하리라 확신한다.

여러분이 다음에 뭔가를 살 때는 먼저 굿온유www.goodonyou.eco에서 확인하면 된다. 친환경 패션에 대한 뉴스와 정보를 제공하는 유용한 웹 사이트로, 여러분이 좋아하는 브랜드가 어떤 평가를 받는지 확인해볼 수 있다. 각 브랜드는 지속 가능성이 어떤지, 공급망에서 일하는 사람들에 대한 처우가 어떤지, 동물에 대한 정책은 어떤지에 따라 점수가 매겨진다.

우리 모두 덜 사고
가진 것을 최대한 활용할
책임이 있다.

여러분이 무언가를 사고 입을 때 탄소 발자국을 줄이는 쉬운 방법을 소개한다.

자주 입기

확실히 입을 옷만 사고, 자주 입는다.

브랜드에 대해 잘 알기

환경친화적이고 지속 가능하다는 데 자부심을 갖는 브랜드를 찾아낸다.

기부하기

옷장과 서랍, 선반을 뒤져서 앞으로 입지 않을 옷이 있는지 찾아본다. 더는 마음에 들지 않거나 옷이 맞지 않게 되었는데 그 옷을 입을 만한 나이 어린 친척이 없다면 중고품 자선 가게나 옷 은행에 기부한다.

수선하기

옷을 버리기보다는 단추를 바꿔 달고, 구멍을 기우고, 뜯어진 솔기를 꿰매는 식으로 수선한다. 이런 기술이 없다면 배워보거나(어렵지 않다) 대신 해줄 수 있는 사람을 찾는다.

창의성을 발휘하기!

오래된 옷에 새 단이나 단추, 패치워크를 달거나 수를 놓거나 드레스 길이를 줄여 튜닉으로 바꾸거나 바지를 잘라 반바지로 만드는 식으로 리폼하자. 나만의 옷을 만드는 보람찬 방법이다.

옷을 너무 자주 빨지 않기!

이렇게 말하면 이상하게 들릴지 모르지만, 옷을 너무 자주 세탁하지 않는 편이 좋다! 땀을 흘릴 정도로 달리거나 운동한 것이 아니라면, 입었을 때마다 빨래할 필요가 없다. 세탁 횟수를 줄이고, 낮은 온도의 물을 사용하고, 옷은 미세섬유를 잡아주는 특수 백에 넣도록 하자. 새 옷은 많이 입은 옷보다 미세섬유를 더 많이 퍼뜨린다. 그러니 이미 가진 옷을 최대한 활용하고 필요 이상으로 새것을 사지 않도록 하자.

덜 사기

상점과 패션 잡지는 최신 '머스트 해브must have' 아이템을 우리에게 소개하곤 한다. 없으면 큰일 날 것처럼 생각하도록 만들려고 한다. 패션 브랜드들은 우리가 구매를 줄이는 것을 원하지 않는다. 하지만 우리는 선택할 수 있다!

슬로 패션

패스트 패션보다는 환경 운동 단체인 지구의 벗Friends of the Earth과 멸종저항Extinction Rebellion이 지지하는 슬로 패션에 대해 생각해보자. 이것은 품질이 좋은 아이템에 돈을 더 지불하고, 더 자주, 더 오래 입는다는 뜻이다.

바꿔 입기

신체 사이즈가 비슷한 친구가 있다면 서로 옷을 바꿔 입는 것도 다른 옷을 입어볼 좋은 방법이다.

자선 가게를 활용하자

자선 가게를 뒤져보자! 값이 저렴한 데다 재밌는 경험이 될 것이다. 또한 세상에 하나뿐인 멋진 아이템을 건질 수도 있다. 여러분이 쓴 돈은 전액 자선에 쓰일 것이다.

이게 웬 낭비

우리는 '물건을 버린다'고
말하지만, '버려지는' 것은
하나도 없다.

지구 생태 용량 초과의 날Earth Overshoot Day에 대해 들어본 적이 있는가? 매해 우리가 사용한 음식과 에너지와 자원의 양에 따라, 지구가 지속 가능하게 자원을 제공할 수 있는 한계에 이르는 시점을 뜻한다. 그날을 기점으로 인간은 가진 것보다 더 쓰게 되는 셈이다. 은행에 넣어둔 돈을 초과해 소비하는 것과 비슷하다.

해마다 국제생태발자국네트워크Global Footprint Network가 이 날짜를 계산한다. 그들은 각 나라별로 탄소를 흡수하는 식물, 가축, 작물, 나무, 숲 등 해당 국가의 생물학적 자원 대비 한 개인의 평균 탄소 발자국을 계산해낸다.

지구 생태 용량 초과의 날은 1961년 처음 계산된 이래 해마다 점점 더 앞당겨지고 있다. 2020년에는 약간 개선되어 2019년보다 살짝 늦어졌는데, 코로나19 팬데믹으로 전 세계 항공 비행과 도로 여행이 크게 줄어든 덕분이다.

2020년 지구 생태 용량 초과의 날은 8월 22일이었다. 이는 곧 지구가 줄 수 있는 양보다 더 많은 자원을 131일이나 사용했음을 뜻한다. 한 해의 3분의 1이 넘는다. (2021년은 7월 29일이었다. ─ 옮긴이) 2020년에 살았던 방식을 유지하려면 1.6개의 지구가 필요하다. 어떡하면 좋을까?

#MovetheDate(날짜를 뒤로 옮기기) 운동은 우리가 좀 더

지속 가능한 식으로 생활하여 이 날짜를 뒤로 미루는 데 힘을 보탤 방법을 찾는다. 지구 생태 용량 초과의 닐 웹 사이트 www.overshootday.org에서는 이 책에서도 말한 여러 가지 아이디어를 소개한다. 채식을 더 많이 하고 고기를 덜 먹기, 자연을 돌보기, 낭비를 줄이기 등이다.

생활 거의 전반에서 우리는 '물건을 버린다'고 말한다. 하지만 그게 무슨 뜻일까? 물건이 어디에 '버려진다'는 걸까?

우리는 눈앞에 보이지 않게 된다는 뜻, 더 이상 그것에 대해 생각할 필요가 없는 곳에 물건을 둔다는 뜻으로 주로 이 말을 쓴다. 대개는 쓰레기통이다. 하지만 우리가 '버린' 것은 전부 다 어딘가로 가야만 한다. 보통은 쓰레기 매립지이다. 쓰레기 매립지는 땅속이나 땅 위에 세워 생활 폐기물과 상업적 폐기물로 가득 채운 거대한 구조물로, 전 세계 곳곳에 있다. 우리가 만들어낸 쓰레기를 처리하는 요즘 가장 흔한 방법 중 하나이다.

쓰레기를 매립지로 보내고 나면 아마도 여러분은 쓰레기 생각은 까맣게 잊어버릴 것이다. 하지만 쓰레기는 여전히 거기 있다. 분해되려면 수백 심지어 수천 년이 걸릴 테고, 양이 늘어나는 만큼 동물이 처할 위험도 커진다.

우선, 쓰레기 자체가 위험이다. 한 번쯤 비닐에 발이 엉킨

새의 사진을 본 적이 있을 것이다. 동물이 플라스틱 쓰레기나 포장재를 먹이로 착각하는 상황도 위험이다. 바닷새들이 폐기장에서 나온 플라스틱 조각을 아기 새에게 먹이는 모습이 발견되었다. 아기 새는 진짜 먹을 것에서 영양분을 섭취하지 못하게 될 뿐 아니라, 플라스틱으로 위가 가득 차면 더는 뭔가를 먹지 못하게 된다.

우리가 쓰레기를 버리는 장소도 위험하다. 음식물 쓰레기가 가득한 매립지는 배고픈 동물에게 당연히 위험하다. 계절에 따라 이주해야 하는 동물들이 매립지에 끌려 이주하지 않을 수도 있다. 우리가 쓰레기를 더 많이 만들어낼수록 매립지로 쓸 공간도 더 많이 필요해진다. 나무를 베고, 무분별하게 토지를 개간하고, 서식지를 파괴하게 된다. 세계자연기금World Wide Fund for Nature: WWF은 서식지가 사라지면 국제자연보전연맹International Union for Conservation of Nature: IUCN이 지정한 적색 목록Red list에 오른 위협 및 멸종 위기에 처한 종들 중 85퍼센트가 심각한 위기에 처한다고 말한다.

쓰레기 매립지는 환경에 대한 영향이 적은 지역에 있어야 하고, 침출이 초래하는 위험을 막기 위해 쓰레기 아래위로 판을 깔아야 한다. 쓰레기에서 흘러나온 오염된 물이 수로나 토양 속으로 새어 들어가면 동물과 인간에게 유해할 수 있다. 하지만 모든 쓰레기 매립지가 이런 식으로 안전하게 만들어지지는 않으며, 이런 보호조치가 얼마나 오래갈지도 알 수 없다. 인간과 동물이 다 같이 의존하는 지하수의 공급과 자연 자원 보호를 위해 쓰레기의 양을 줄여야 한다.

너무나 많은 쓰레기를 만들어내는, 쓰고 버리는 소비주의는 정말로 해롭다. 원하는 대로 다 사고, 지겨워지면 몇 번이고 다시 갖다 버리면 그만이라고 생각하게 만든다. 우리가 더 많이 쓰면 쓸수록 더 많이 만들어야 한다. 더 많은 온실가스를 배출하게 되고, 결국 기후와 인간, 동물의 삶에도 더 해로워진다.

재활용과 그 밖의 R들

다행히도 이제 재활용이 많은 이들의 일상생활이 되었다. 재활용 쓰레기통을 종류별로 둔 집도 있을 테고, 거리를 다녀보면 플라스틱, 종이, 음식물 쓰레기로 분류해놓은 쓰레기통이 눈에 띄기도 한다. 쓰레기를 길에 버린다거나 빈 음료 캔을 도랑에 던질 생각을 하는 사람은 별로 없겠지만, 그래도 아직 할 일이 많고 쓰레기를 더 줄여야 한다.

쓰레기를 줄이는 세 가지 R에 관해 들어본 적이 있는가.

줄이기Reduce, 다시 쓰기Reuse, 재활용하기Recycle이다. 다른 R도 있다. 거부하기Refuse, 다른 용도로 바꾸기Repurpose, 고쳐 쓰기Repair, 다시 생각하기Rethink이다. 이런 것들 모두가 탄소 발자국과 쓰레기 매립지로 보내는 쓰레기를 줄이는 데 도움이 된다. 정말로 가능한 한 적게 '버린다'는 목표를 세워야 한다. 그것이 지속 가능한 삶의 일부이며, 환경과 살아 있는 생명을 보호하기 위해 우리가 할 수 있는 일이다.

여러분 집에는 재활용 쓰레기통이 있는가, 아니면 일반 쓰레기용 쓰레기통만 있는가? 일반 쓰레기는 쓰레기 매립지로 간다. 일반 쓰레기통에는 재활용할 수 없는 것만 넣어야 하고, 그렇지 않으면 친환경 쓰레기나 비료 통에 넣어야 한다. 우리 집에서는 썩는 쓰레기는 주로 고양이 배설용 상자에 까는 용도로 쓴다. 썩는 재질의 주머니를 쓰고, 재활용할 수 없는 포장에 든 것은 사지 않으려 하지만, 그래도 아직 재활용이 불가능한 것들이 있다.

이제 R들을 자세히 살펴보자.

줄이기

우리 대부분은 물건을 너무 많이 가지고 있다. 쓰거나 입지 않는 것, 찬장, 다락방, 침대 밑에 쌓아둔 것들…… 감상적인 이유로 버리지 못할 때도 많지만 우리가 쌓아둔 물건 대부분은 잡동사니일 뿐이다. 더는 쓸모없어진 장난감, 게임기처럼 말이다.

잘 정리해두면 기분이 좋고, 가진 물건을 찾기도 쉽다. 쓸 수 있거나 남에게 줄 것을 발견할 수도 있다. 하지만 훨씬 더 중요한 것은 우선 소비를 줄이는 일이다. 광고와 특가 판매에 이끌려 사는 것이 아니라, 꼭 필요한 것만 구매하는 습관을 들이자.

11월이면 마지막 금요일인 블랙 프라이데이Black Friday까지 몇 주 동안 특별 세일의 유혹이 쏟아진다. 여러 나라의 윤리적 소비자 단체들은 그날에 다른 이름을 붙여 보복했다. '아무것도 사지 않는 날Buy Nothing Day.' 고삐 풀린 소비주의에 항의하는 뜻으로 정한 것이다.

소비 줄이기는 지구의 자원이 불필요한 새 물건을 만드는 데 덜 들어간다는 뜻이며, 그만큼 버릴 것 또한 적어진다는 뜻이다.

다시 쓰기

여기 여러분이 할 수 있는 간단한 일 두 가지가 있다. 최근까지 한 번 쓰고 버리는 플라스틱 병에 물을 담아 가지고 다니고, '일회용' 컵에 담긴 커피를 사는 것이 보통이었다. 영국에서는 매일 일회용 커피 컵 700만 개, 매년 25억 개를 쓴다. 그럼 해마다 전 세계에서는 몇 개나 버려질지 상상해보라! 무엇보다도 이런 컵은 대부분 재활용도 쉽지 않다. 거의 종이로 만들어졌지만 방수가 되어야 해서 종이에 플라스틱 폴리에틸렌을 씌웠다. 일반적인 재활용이 불가능해서 몇 안 되는 전문 공장에서 처리해야 한다. 그래서 대부분은 쓰레기 매립지로 보내진다.

많은 테이크아웃 체인점은 완전한 재활용이 가능한 커피 컵을 개발 중이지만, 아예 쓰지 않는 편이 훨씬 좋다. 재사용할 개인 컵(다양한 색과 디자인의 컵이 나온다)을 가지고 다니면 커피나 차를 마실 때 쓰레기가 생기지 않는다. 여러 카페와 가판대에서 개인 컵을 쓰면 할인해주기도 하니, 점점 더 많은 사람이 따라 하게 될 것이다.

또한, 플라스틱 병 대신 물병을 살 수도 있다. 리필Refill 앱을 휴대폰에 다운받으면 외출했을 때 공짜로 물병을 채울 곳을 찾을 수 있다. (리필은 2015년 영국 환경 단체 시티투씨City to Sea의 '리필 혁명Refill Revolution' 캠페인에서 시작되었다. 무료로 물을 채울 장소, 자기 컵을 가져가면 할인해주는 카페, 개인 도시락 용기를 사용해 음식을 포장할 수 있는 식당 등을 알려준다. www.refill.org.

uk – 옮긴이) 재사용 컵과 물병이 있으면 음료를 위해 쓰고 버릴 용기를 사지 않아도 된다. 이때 지속 가능한 재료로 만들어진 컵이나 병을 사용한다면 더할 나위 없이 좋겠다.

재활용하기

재활용 쓰레기통을 십분 활용하는 것 외에도, 더는 필요 없게 된 물건들에게 집처럼 적당한 곳을 찾아줄 다른 방법이 많다.

우선 자선 가게에서는 옷뿐 아니라 상태가 좋은 책, 장난감, 장식품, 그 밖의 자질구레한 것을 받아준다. 전문 서점을 갖춘 곳도 있다.

영국, 미국, 오스트레일리아, 뉴질랜드를 비롯해 많은 나라에는 필요 없게 된 물건을 기부하거나 교환하도록 돕는 무료 교환 네트워크가 있다. 여러분도 지역 네트워크를 찾아보라. 가구처럼 더 큰 물건이라면, 기꺼이 새집을 찾아줄 다양한 단체가 있다. 지역 주민센터에서 수거와 재활용을 위한 설비를 제공하는 경우도 있다. 해당 웹 사이트에서 정보를 더 얻어보자.

거부하기

일단 불필요한 포장을 거절하자. 오프라인 가게에서 직접 산다면 쇼핑백이 없어도 될 것이다.

앞에서 말한 '아무것도 사지 않는 날'은 대규모 돈 쓰기 행사에 참여하기를 거부하는 방법이다. 크리스마스에 필요하지도 않고, 심지어 어떤 경우에는 원하지도 않는 선물을 주고받느라 끔찍하게 많은 양의 쓰레기가 발생한다. 가족과 친구들과 집에서 만든 작은 선물이나 자선 가게에서 산 것만 주고받기로 약속하는 방법도 좋다.

다른 용도로 바꾸기

여러분이 만들기를 좋아한다면 더욱 재미있을 활동이다. 물건을 버리기보다는 또 다른 용도를 찾거나 다른 것으로 바꾸어보자. 잠깐만 인터넷을 뒤져보아도 멋진 아이디어를 잔뜩 알아낼 수 있다. 자전거 부품으로 만든 샹들리에, 작은 여행 가방을 이용한 고양이 침대, 궤짝으로 만든 선반과 심지어 플라스틱 병으로만 만든 배까지! 나는 정원 홈통의 남은 부분에다가 상추를 키운다.

마음만 먹으면 뭐든 다 용도를 바꾸어 쓸 수 있다. 그리고 용도를 바꾸어 쓴다는 것은 새것을 사지 않으며, 전체적인 자원 소비를 줄이고, 새롭고 창의적인 방식으로 '쓰레기'를 재활용한다는 뜻이다.

고쳐 쓰기

우리는 낡은 것을 너무 쉽게 내버리고 새것을 사는 경향이 있다. 물론 그것이야말로 제조업체가 바라는 바이다. 때로는 낡은 것을 수리해 쓰기보다 새것을 사는 편이 돈이 적게 든다. 하지만 주위를 둘러보고 가까이에 수리하는 단체가 있는지 찾아보자.

옷이라면 수선하기 어렵지 않아서 직접 해볼 수 있다(꿰매기, 터진 솔기를 다시 박기, 단추 바꿔 달기). 이러면 제일 좋아하는 옷과 헤어지지 않아도 된다.

다시 생각하기

이 모든 이야기를 요약해보면 쓰레기, 소비, 우리가 가진 것, 우리가 받아들이거나 받아들이지 않는 것에 대한 우리의 태도 전반을 다시 생각해보자는 것이다. 우리는 책임감responsibility(또 다른 R이다)을 가져야 한다. 또한 갖다 '버린다'면서 어딘가에 물건을 내던지지 않기 위해 최선을 다해야 한다. 버린다고 지구에서 사라지지는 않기 때문이다.

다시 생각하기는 여러분이 하는 모든 일이 환경에 미치는 영향을 고려한다는 뜻이다. 부담스럽게 들릴지도 모르지만, 곧 낭비하지 않는 습관이 몸에 밸 것이다. 그리고 작은 행동 하나하나가 모여 큰 결과를 낳을 수 있음을 기억해야 한다. 세상이 동물에게 더 좋고 안전한 곳이 되기를 바란다면, 환경을 보살피고 자원을 주의해서 쓰는 습관을 들이자.

제로 웨이스트 챌린지 시작하기

집에 매주 얼마나 많은 플라스틱이 들어올까?

목록을 만들어보자: 식품 포장, 가게나 온라인에서 산 물건들, 기타 포장.

근처에 제로 웨이스트 상점이 있을까?

만약 있다면 플라스틱 칫솔 대신 대나무 칫솔과 유기농 비누 같은 다양한 품목을 팔 것이다. 여러분의 용기를 가져가서 샴푸와 액체 비누를 채워 올 수도 있다.

가족 모두가 여러분이 사는 지역의 재활용 규칙을 알고 있는가? 어느 쓰레기통에 무엇을 버려야 하는지?

여러분의 각 지방자치단체에서 발행한 전단지를 모두가 기억할 수 있도록 게시판에 붙여놓아도 좋다.

매주 얼마나 많은 플라스틱을 버리는가?

플라스틱을 쓰지 않는 회사를 온라인에서 찾아본 뒤, 그곳에서 가정용품이나 그 밖의 물건들을 주문하면 플라스틱을 쓰레기 매립지에 버리지 않는 데 도움이 될 것이다. 여러분 집에서 쇼핑을 하는 사람이 누구든 여러분과 함께 확인해달라고 부탁하자!

매주 버리는 쓰레기의 양이 얼마나 되는가? 그리고 그중 얼마나 줄일 수 있을까?

매주 '매립지'로 보내는 쓰레기를 작은 쓰레기봉투 한 개나 그보다 더 적게 모을 수 있는가?

여러분과 가족이 구매하는 플라스틱을 줄일 방법을 찾을 수 있을까?

예를 들면 용기에 담긴 젤형 세정제 대신 고체 비누를 산다든가, 장 볼 때 플라스틱 대신 유리병을 고르는 식으로.

쇼에 나오는 동물

더는 서커스 동물이 부리는
부자연스러운 묘기를
보고 싶지 않다.

서커스

열 살 때 할머니가 크리스마스 휴일에 선물로 나와 오빠, 사촌을 서커스에 데려가 주신 적이 있다. 우리 셋을 찍은 사진 속에서 나는 재킷을 입고 술 달린 모자를 쓴 슬퍼 보이는 작은 원숭이를 잡고 있다. 지금 그 사진을 보면 부끄럽지만, 그때는 아무것도 모른 채 그저 신났었다. 나는 동물들을 좋아했고, 말, 개 등 여러 동물이 공연에 나와 매우 들떠 있었다.

그 당시에는 용감한 조련사가 사자를 구슬려 단상 위로 뛰어오르게 하거나 명령에 따라 그 자리에 눕게 하는 '사자 길들이기' 쇼가 서커스에 포함된 경우가 많았다. 물론 조련사의 대담무쌍함을 강조하기 위해 사자들을 부추겨 사납게 으르렁거리게 하기도 했다. 코끼리와 낙타도 서커스에 자주 등장했다. 아이 때 나는 이런 동물들이 훈련을 받으면서 어떤 것들을 견뎌내야 하는지, 혹은 어떻게 훈련을 받는지 잘 생각해보지 않았다.

영국의 RSPCA는 동물이 자주 이동하고, 비좁은 공간에서 지내며, 강제로 훈련받고 연기하고, 시끄러운 소음 속에서 많은 사람 앞에 서야 하는 등 서커스 생활에 흔히 따르는 조건을 감수하게 해서는 안 된다고 주장한다.

미국, 오스트레일리아, 뉴질랜드의 비슷한 단체뿐 아니라 동물 복지를 위한 국제 기금International Fund for Animal Welfare: IFAW과 같은 국제단체들도 같은 의견이다. 수년간의 캠페인 끝에 영국, 인도, 이스라엘, 싱가포르, 미국 33개 주, 남아메리카 대부분을 비롯한 20개 이상의 나라에서 순회 서커스에 야생동물을 이용하는 것을 금지했다. 어떤 나라에서는 개별 도시나 주가 정책에 따라 결정하게 한다. 이 금지 조치에서 '야생'의 정의에는 인공적으로 번식한 동물이 포함되며, 보통 길들여지지 않은 동물을 뜻한다. 사자나 호랑이 같은 대형 고양잇과 동물, 낙타, 코끼리, 순록, 얼룩소 등이다.

어느 정도는 텔레비전과 온라인에서 볼 수 있는 훌륭한 야생 다큐멘터리 덕분에 사람들의 취향이 바뀌었다. 이런 다큐멘터리들은 자연 서식지에 있는 동물들을 세세한 부분까지 뛰어나게 촬영한다. 많은 대중이 더는 서커스 동물이 부리는 부자연스러운 묘기를 보고 싶어 하지 않거나, 기대하지 않게 되었다. 우리는 동물이 하고 싶어서가 아니라 그렇게 하도록 괴롭힘을 당했으며, 벌 받을 것이 무서워서 묘기를 부린다는 사실을 알게 되었다. 하지만 동물이 없어도 멋진 서커스 묘기를 얼마든지 할 수 있다.

공연에서 이용되는 인공적으로 번식된 돌고래, 범고래, 흰고래 벨루가를 위한 캠페인이 계속되고 있다. 국제해양포유동물프로젝트International Marine Mammal Project는 "이렇게 대단히 사교적이고 영리하며 행동반경이 넓은 동물들을 작은 탱크 속에 가두어두는 것은 해롭다. 감금 상태는 그들에게 맞지 않는다"라고 말한다. 돌고래, 범고래, 고래에게는 바다가 맞다.

동물 투어

실제로는 관광지에 불과한 어떤 '동물원'들은 구경꾼에게 동물과 사진을 찍을 기회를 제공한다. 부주의한 관람객들이 멋진 동물을 가까이에서 만나고 싶어 하는 마음은 이해할 만하지만, 그들 대부분은 동물에게 거의 틀림없이 고통이 따른다는 점을 알지 못한다. 사람들이 바로 옆에서 혹은 안고서 포즈를 취하는 새끼 호랑이는 약에 취한 상태일 수 있다. 게다가 훗날 귀엽다고 할 수 없을 만큼 몸집이 너무 커져 인간에게 위험하다고 판단되면 죽임을 당하거나 팔려 갈 수도 있다. 이런 '동물원'은 방문객이 새끼 동물을 보고 싶어 한다는 점을 알기 때문에 아주 많이 번식시키기도 하는데 이때 필요 없는 동물은 다른 동물원이나 서커스에 팔아넘긴다.

동물에 대한 사람들의 자연스러운 관심을 이런 식으로 이용한다니 슬픈 일이다. 관광객은 악의 없이 곰, 호랑이, 원숭이와 포즈를 취하고, 코끼리를 타거나 돌고래와 수영을 하고, 소셜 미디어에 자신의 경험을 사진으로 올리곤 한다. 그러나 그들을 태워주는 코끼리는 잔인하게 훈련을 받고 비좁은 곳에 갇혀 지내며, 다리에 족쇄가 채워지는 경우도 많다. 곰은 보통 굶기고 매질을 해서 훈련을 시킨다. 묘기를 부리는 원숭이는 작은 우리에서 거의 평생을 보내고, 포획된 돌고래와 함께하는 수영은 그들에게 고통을 준다. 이런 활동은 모두 피하는 것이 가장 좋다. 그러지 않으면 동물에 대한 관심이 도리어 그들을 고통에 빠뜨릴 수 있다.

소셜 미디어 사이트는 이를 알고 있다. #tigerselfie(호랑이와 셀카), #elephantride(코끼리 타기), #swimmingwithdolphins(돌고래와 수영하기)를 찾아보면 동물 학대나 멸종 위기종의 판매를 금지한다는 경고 문구를 보게 된다. WWF, 트래픽TRAFFIC(불법 야생동물 거래를 조사하는 NGO. — 옮긴이), 세계동물보호World Animal Protection, 내셔널지오그래픽 웹 사이트에는 '동물과 셀카'를 찍고 싶은 유혹에 대한 경고가 더 많이 나온다. 그 결과 이에 대한 인식이 널리 퍼져 상당수의 사람들이 예쁜 사진 한 장이 동물에게 큰 대가를 치르게 한다는 사실을 점차 깨달아가고 있다.

동물원 – 감옥인가 방주인가?

동물원은 좋은 걸까 나쁜 걸까? 여러분 생각은 어떤가? 동물원에 대한 찬반 논쟁이 너무 많아서 이 말을 들으면 이 말이, 저 말을 들으면 또 저 말이 맞는 듯싶을 것이다.

다음 발언들 중 여러분은 어떤 것에 동의하는가?

동물을 잡아 가두어두면 안 된다. 동물은 야생에서 자유로이 돌아다녀야 한다.

가까이에서 동물을 보고 배우는 것은 미래의 과학자, 동물학자, 환경 운동가의 사기를 돋우는 좋은 방법이다.

동물원은 동물 보존에 중요한 역할을 담당한다.

동물원은 대중을 상대로 돈을 벌기 위해 존재하는 곳일 뿐이다.

야생동물을 보여주는 멋진 다큐멘터리가 있는데 굳이 동물원을 찾아갈 필요가 없다.

동물원은 사람들이 동물과 만나고 야생동물과 서식지에 관심을 갖도록 도와준다.

동물을 함부로 다루고, 아무런 자극도 없는 황량한 우리 속에 가두어두는 끔찍한 동물원도 있다.

최고의 동물원은 최대한 동물의 자연 서식지를 본뜨고, 각 종에 맞추어 세심하게 계획된 공간을 여유 있게 제공한다.

1200년경부터 1853년까지 런던탑에 자리했던 최초의 동물원은 전 세계에서 이국적인 동물들을 수집했다. 런던탑 동물원에는 사자, 코끼리, 북극곰이 있었고, 동물원이 아니었다면 책에서 그림으로만 보았을 이런 동물들을 놀란 대중 앞에 전시했다. 이 동물들은 1830년대 런던동물학회Zoological Society of London: ZSL가 설립되면서 리젠트 파크로 옮겨졌다. 당시에는 동물들이 육체적으로 또는 정신적으로 건강하려면 무엇이 필요한지에 대한 이해가 거의 없었다.

나는 어릴 때 런던 동물원을 무척 좋아했다. 침팬지의 티파티가 기억나는데, 침팬지들이 테이블에 앉아 음식을 던지는 모습을 관중이 모여 구경하며 깔깔대고 웃었다. 사자와 호랑이 같은 대형 고양잇과 동물들은 콘크리트 바닥이 깔린 작은 우리 안을 왔다 갔다 했다. 코끼리는 사람들을 태워주고 빵 같은 간식을 받곤 했지만, 동전을 받으면 조련사에게 건넸다. 북극곰은 얕은 웅덩이가 있는 우리에서 살았는데 그 작은 공간을 빙빙 도는 것 말고는 할 수 있는 일이 거의 없었다.

그때 나는 동물을 가두고 전시하는 방식에 대해 의문을 품지 않았다. 내가 본 대형 고양잇과 동물들은 자연스러운 행동을 표출할 기회가 거의 없었다. 지금 생각하면 그것은 고양이들이 좁은 곳에서 왔다 갔다 할 때 겪는, '동물 병zoochosis'이라 부르는 스트레스가 겉으로 드러난 것이었다. 우리는 더는 어딘가 좀 모자란 사람을 보듯 침팬지가 접시에 담긴 음식을 먹고 찻잔으로 물을 마시는 모습을 구경하며 놀리거나 웃고 싶지 않다. 동물에게나 우리에게나 모욕일 것이다.

다행히도 현대식 동물원에서는 동물에 대한 태도와 대중에게 동물을 보여주는 방식이 내가 우리에 갇힌 북극곰을 구경하며 신나하던 어릴 때와는 크게 달라졌다. 좋은 현대식 동물원에서는 동물을 단지 호기심 가득한 대중에게 전시할 목적으로 삭막한 환경에 가둬두는 것을 용납하지 않는다. 최고의 동물원은 그보다 더 많은 일을 한다.

하지만 먼저, 이것을 좀 보자.

최악의 동물원

인터넷을 검색하면 일부 동물원에서 진짜로 끔찍하고 가슴 아픈 일들이 벌어지는 상황에 대한 증거를 찾을 수 있다.

최악의 동물원에서 동물들은 작고 더러운 우리나 또는 자연 서식지와는 거리가 멀고 숨을 곳도 전혀 없는 구역에서 지낸다. 적절한 음식도 먹지 못해서 굶주리거나 영양 부족으로 죽기도 한다. 또한 방문객들로부터 제대로 보호를 받지도 못한다. 어떤 사람은 음식이나 여러 가지 물건을 철창 사이로 동물에게 던진다. 야행성동물이 밝은 대낮에 바깥에 나와 있어야 하고, 너무 덥거나 너무 추운 온도로 고통받는 동물도 있다. 코끼리처럼 매우 사교적인 동물이 외따로 갇혀 있는 반면, 호랑이처럼 홀로 있어야 하는 동물은 억지로 무리지어 생활하도록 강요받는다. 아픈 동물을 돌보지 않거나 죽게 내버려두고, 사체를 우리 속에 방치하는 경우도 있다.

이런 동물원은 동물에게 진짜로 감옥이다. 보존이나 교육 차원 어디에서도 가치가 없다. 끔찍한 환경에 처한 동물들을 보고 무엇을 배울 수 있겠는가? 이와 같은 학대를 보게 된다면 반드시 알려야 한다.

최고의 동물원

최고의 현대식 동물원은 동물 복지를 최우선 순위에 두며, 동물을 돌보는 방식을 지속적으로 개선하고, 전 세계 다른 동물원과 정보를 공유한다. 그들은 동물 보존에 진정으로 기여하며, 야생동물을 돕기 위해 국제적인 프로젝트에 자금을 지원한다. 예를 들어 런던동물학회는 모든 대륙에서 밀렵이나 서식지 상실로 인해 동물이 처한 위험 상황을 추적 관찰하고, 야생동물 불법 거래를 막기 위해 노력한다.

동물원은 때로 인간에게 붙잡혀 고통받다 구출된 동물이

나 야생에서 부모를 잃거나 부상당해 되돌아가기 어려운 동물에게 피난처가 된다. 예를 들어 동물 복지 자신던체 외일드하트신탁Wildheart Trust에서 운영하는 영국의 아일 오브 와이트 동물원에는 서커스나 그 밖의 열악한 환경에서 구출된 사자, 호랑이, 곰 등과 애완동물 무역에서 구조된 이색적인 동물이 산다. 미국 디트로이트 동물원은 자연 서식지인 북극보다 온도가 약 40도 가까이 더 높은 푸에르토리코의 순회 서커스에서 북극곰을 데려왔다. 오스트레일리아 시드니의 타롱가 동물원은 2019년부터 2020년까지 발생한 끔찍한 대화재에서 코알라, 왈라비, 박쥐, 오리너구리 같은 동물을 구해 치료하고 있다.

동물원이나 피난처가 없다면, 이렇게 구출된 동물에게 집을 제공해줄 수 없을 것이다. 동물들은 고통스러운 경험을 겪었기 때문에 야생에 풀어놓으면 적응하지 못한다.

최고의 동물원들은 동물원과 야생에서 살아가는 동물에 대해 배우고 관심을 갖도록 도와주는 교육 프로그램을 갖추고 있다. 디트로이트 동물원 원장인 론 케이건Ron Kagan은 현대의 동물원은 그 무엇보다도 연민을 가져야 한다고 말한다. 그의 동물원은 가장 선도적인 동물 캠페인 단체인 PETA와 협력 관계에 있다. 케이건은 이렇게 말한다. "만약 동물원과 수족관에서 일하는 사람이 동물을 윤리적으로 다루지 않는다면, 누가 그렇게 하겠습니까?"

'세계 최고의 동물원' 목록에 꾸준히 오르는 다른 동물원으로는 시드니의 타롱가 동물원, 미국 캘리포니아의 샌디에이고 동물원, 싱가포르 동물원, 빈의 쇤브룬 동물원(세계에서 가장 오래된 동물원), 영국의 ZSL과 체스터 동물원, 뉴질랜드의 웰링턴 동물원이 있다. 이런 목록은 보통 동물 복지와 관광객 경험 둘 다를 평가하므로, 복지와 보존에 얼마나 힘쓰는지 확인하려면 동물원의 웹 사이트를 찾아보면 된다.

멸종 위기에 처한 동물

왜 이렇게 많은 동물이 멸종 위기에 처했을까? 그리고 동물원은 이를 도울 수 있을까?

전 세계가 여섯 번째 대멸종을 눈앞에 두었다는 말을 들어보았을 것이다. 6,600만 년 전 마지막 대멸종 때에는 공룡이 사라졌는데, 지구에 거대한 혜성이나 소행성이 충돌한 것이 원인이라고 추정한다.

이제 우리는 또 한 번의 파괴적인 대량 멸종 사태를 스스로 일으키고 있다. 이번에는 혜성의 개입은 없다. 대기 온도

동물원은 때로 인간에게 붙잡혀
고통받다 구출된 동물이나
야생에서 부모를 잃거나 부상당해
되돌아가기 어려운 동물에게
피난처가 된다.

를 올리고 서식지를 파괴하는 인간의 활동과 산업뿐이다.

동물은 야생에서 다양한 이유로 멸종 위기에 처한다. 도시의 확장과 도로 건설, 서식지 파괴, 농업 관행, 오염, 기후변화, 사냥, 덫 치기, 밀렵, 남획, 다른 종과의 경쟁, 심지어 의도적인 절멸도 있다. 이러한 위협 대부분은 인간이 한 짓이다.

보존 상태 – 적색 목록

동물원에 가보면 안내판에 쓰인 동물의 보존 상태 표시를 볼 수 있다. 예를 들어 '심각한 위험에 처한 대상'이나 '감소 중인 대상'과 같은 식이다. 이런 정보는 IUCN에서 작성한 적색 목록에서 가져온 것이다. 여기에는 전 세계 동물, 식물, 균류 7만여 종에 대해 정기적으로 업데이트하는 상세한 정보가 포함되어 있어 '생명의 바로미터'라 불린다.

16만 종을 평가하는 것이 목표이니까 아직 갈 길이 멀다.

IUCN은 3만 1,000종 이상이 멸종 위협을 받고 있다고 추산한다. 이는 지금까지 평가한 모든 종 중 27퍼센트에 해당하며, 포유동물의 25퍼센트, 상어와 가오리의 30퍼센트, 심지어 놀랍게도 양서류의 41퍼센트가 여기 포함된다. 유럽 자생 수종의 절반 이상(58퍼센트)이 멸종 위기에 직면했다는 무시무시한 통계도 있다. 이 나무들이 사라진다면 지구의 풍경은 완전히 달라지고, 야생동물에게는 심각한 영향을 끼칠 것이다. 수많은 포유동물, 새, 곤충이 이 나무들에서 식량과 쉴 곳을 구하기 때문이다.

흔히 적색 목록은 멸종 위기종만 일컫는 줄 알지만, 실은 전혀 위험에 처하지 않은 종부터 도도처럼 이미 멸종한 종까지 포함한다. 범주는 다음과 같다.

- 멸종 위험이 낮고 위험 범주에 도달하지 않은 대상
- 조금씩 위협받고 있는 대상
- 감소 중인 대상
- 위험에 처한 대상
- 심각한 위험에 처한 대상
- 야생에서는 멸종한 대상
- 멸종한 대상

또한, 두 가지 범주가 더 있다. 자료 부족(예를 들면 아직 충분히 알려진 바 없음)과 평가되지 않은 대상이다. 물론 아직 평가되지 않은 종도 위험에 직면했을 수 있으며, 심해나 열대우림에 살아서 미처 발견되지 않은 종도 있을 것이다. 2020년 한 과학자 팀은 남아메리카 볼리비아의 깊은 열대우림 속에서 알려지지 않은 종 스무 가지(작은 개구리, 박쥐, 나비를 포함한 식물과 동물)를 발견했다. 이런 발견은 흥분되는 일이지만, 얼마나 많은 생명체가 존재했다는 사실조차 알기도 전에 멸종하고 있을지 궁금해진다. 특히 열대우림이 그렇다. 열대우림은 놀랄 만큼 빠른 속도로 파괴되고 있다.

적색 목록은 수치, 지리적 범위, 동물에 대한 위협을 정확히 알려주는 최고의 정보원이며, 배울 점이 많은 근사한 데이터베이스이다. 목록은 이국적인 동물만이 아니라 여러분 지역의 동물에 대한 정보도 제공할 가능성이 높다. 이에 관해서는 뒤의 야생동물과의 만남에 대한 부분에서 좀 더 자세히 이야기하겠다.

동물원은 멸종 위기 동물을 위해 무엇을 할 수 있을까?

이를 알아보기 위해 네 가지 종을 소개하겠다. 그들이 왜 멸종 위기에 처했는지, 동물원에서 잘 살 수 있는지, 미래는 어떻게 될지를 살펴보자.

호랑꼬리여우원숭이

이 아름다운 영장류는 야생 상태에서는 멸종 위기에 처했다. 이들은 전 세계에서 딱 한 곳, 마다가스카르 남부 지역의 숲과 관목지에서 과일과 잎을 먹으며 생활한다. 전통적으로 인간은 고기를 얻으려 이들을 사냥했으며 애완동물로 팔려고 포획하기도 했다. 벌목, 삼림 벌채, 농경 때문에 지금은 흩어져 무리 지어 살며, 개체 숫자가 계속 줄고 있다.

여우원숭이는 매우 사교적인 동물로, 서른 마리까지 무리 지어 산다. 따라서 한 마리씩 떼어놓는 것은 잔인한 짓이다. 그런데 호랑꼬리여우원숭이 무리는 동물원에서도 잘 살고 번식도 잘 한다. 미래에는 해로운 애완동물 무역이 아니라 전 세계 책임감 있는 동물원과 보존 프로그램에 속한 여우원숭이 개체 수가 야생 개체 수를 늘리거나 심지어 복구하는 데 중요한 역할을 할 수 있을 것이다.

여우원숭이보존네트워크Lemur Conservation Network는 마다가스카르의 교육적 보존 프로그램들을 활성화하고, 다양한 여우원숭이 종을 보호하는 60여 개 이상의 조직을 연결한다. 여우원숭이에 대한 위협, 특히 호랑꼬리여우원숭이가 처한 멸종 위기가 커지면, 절멸을 막기 위해 동물원의 여우원숭이 개체군에 의존해야 할 것이다.

북극곰

북극곰은 기후변화가 가져올 상실과 황폐화의 상징이 되었다. 이들은 북극에서만 살며, 얼음에 뚫린 구멍 사이로 숨을 쉬기 위해 수면 위로 올라온 바다표범을 잡는다. 하지만 얼음이 점점 녹고 깨져 먹이 사냥이 힘들어진 탓에 바다표범이나 바다코끼리를 잡기 위해 더 먼 곳까지 헤엄쳐 간다. 보기 딱할 정도로 야위어 필요한 먹이를 찾을 수도 없게 된 북극곰 사진을 본 적이 있는가. 캐나다 일부 지역에서는 곰이 배회하다 건물이 밀집한 인간의 거주지까지 들어와 주민들을 놀라게 했고, 결국 사살되거나 포획되었다. 곰은 인간에게 매우 위험하므로 절대 가까이 다가가서는 안 된다.

비영리단체 곰보존협회Bear Conservation는 이상적인 세계라면 북극곰이 동물원에 있지 않을 것이라고 말한다. 자연 상태에서 수백 마일을 돌아다니는 북극곰은 갇힌 채로는 잘 살지 못한다. 곰보존협회는 북극곰을 절대 포획 상태에서 번식시켜서는 안 된다고 주장한다. 범고래, 고래, 돌고래와 더불어 북극곰은 다른 동물보다도 포획 상태에서 질병과 심리적 문제들을 더 많이 겪기 때문이다.

다시 말해 이미 동물원에서 살아가는 곰을 의도적으로 더 많이 번식시켜 새 곰으로 대체해서는 안 된다. 이 글을 쓰는 지금도 전 세계 동물원에 이런 동물들 수백 마리가 있으며, 적합하지 않은 기후에서 살아가는 경우도 많다.

수년 전 런던 동물원에서 보았던 북극곰을 돌이켜 생각하면 서글퍼진다. 그러나 모든 동물원에서 북극곰을 키우지 못하도록 한다면 야생에 홀로 남겨졌거나 도시에서 포획된 '문제 곰problem bears'은 어떻게 될까? 갈 곳이 사라지니 유일한 답은 죽이는 길밖에 없을 테고, 이렇게 되면 당연히 야생에서 곰이 멸종할 것이다. 그러면 또 다른 문제가 생긴다.

북극곰의 서식지는 우리가 살아 있는 동안 완전히 사라질지 모른다. 내셔널지오그래픽에 실린 최근 기사는 현재 추세라면 2035년에는 북극에서 여름에 얼음을 찾을 수 없을 것이라고 말한다. 이는 곧 바다표범이 사라지고, 마침내 북극곰도 사라진다는 뜻이다. 동물원에서 잘 살지 못할 것임을 알면서도 북극곰을 가둬두는 일이 옳을까, 아니면 야생에서 멸종되도록 놔두어야 할까? 대답하기 어려운 문제이다. 가장 좋은 해결책은 물론 기후변화를 늦추고 야생 북극곰을 위해 해빙sea ice을 보존하는 것이다. 하지만 그게 가능할까?

한편 한 대단한 동물원은 포획된 북극곰을 가능한 한 최상의 조건에서 보호하고 있다. 여러 수상 경력이 있는 디트로이트 동물원에는 4에이커(약 1만 6,190제곱미터) 면적의 '생

북극곰은 기후변화가 가져올
상실과 황폐화의 상징이 되었다.

명의 북극 고리Arctic Ring of Life'라는 장소가 있다. 여기에는 찬 바닷물을 채운 큰 웅덩이가 있는데, 아래에 투명 터널을 설치해 관람객이 북극곰을 방해하지 않고도 그들이 헤엄치는 모습을 볼 수 있도록 했다.

코끼리

동물원의 모습을 그려볼 때 가장 먼저 떠오르는 동물은 코끼리가 아닐까? 코끼리를 싫어하는 사람은 그리 많지 않을 것이다. 그러나 RSPCA의 보고에 따르면 코끼리는 포획 상태에서는 잘 살지 못하기 때문에 동물원에 두어서는 안 된다. 그들은 여러 세대가 섞여 큰 무리를 이루고 살아가는 사회적 동물이다. 혼자 두거나 몇 마리만 두면 힘들어한다. 야생에서 코끼리는 하루에 30킬로미터 정도를 걸으며, 먹을 것과 물이 부족하면 그보다 더 많이 걷기도 한다. 동물원의 우리는 대부분 코끼리가 사는 자연환경을 제대로 본뜨지 못하기 때문에 동물원에서 코끼리는 몸의 문제뿐 아니라 불안증과 우울증을 겪을 수 있다. 이미 코끼리를 키우는 동물원은 그들을 작은 우리보다는 큰 공원에 두고 최대한 잘 돌보아야 한다. 이에 더해 RSPCA는 코끼리를 번식시키거나 새로운 코끼리로 교체해서는 안 된다고 말한다.

파르툴라 달팽이

동물원의 동물을 말할 때는 흔히 북극곰, 코뿔소, 코끼리, 고릴라, 사자, 호랑이 등 큰 포유동물부터 생각한다. 이런 동물들을 야생에 풀어주기는 어렵다. 하지만 동물원은 또한 새, 파충류, 양서류, 곤충, 그 밖의 무척추동물을 성공적으로 풀어놓아 개체 수를 늘리거나 심지어 멸종해가는 야생 개체 수를 복원하는 중요한 일을 한다.

손톱만 한 크기의 열대 달팽이인 파르툴라 로지아Partula rosea와 파르툴라 바리아Partula varia의 경우가 그러했다. 이들은 25년 전 야생에서는 멸종되었지만 최근 프랑스령 폴리네시아의 고향으로 돌아갔다. 뉴스 헤드라인을 장식하지는 않아도 보존 작업에 고무적인 신호였다. 세계에서 가장 큰 동식물 귀환 프로그램의 일부로, 동물원은 프로젝트를 위해 이 달팽이들을 1만 마리 이상 번식시켰다. 달팽이들이 포획 상태에서 힘들었다고 주장하기는 어려울 것이다. 달팽이들을 번식시킨 일은 이 종을 야생으로 돌려보내는 데 도움이 되었다. 나는 성공적이었다고 말하고 싶다.

벼랑 끝에서 돌아오기

사불상四不像(소의 발굽, 낙타의 목, 사슴의 뿔, 나귀의 꼬리를 닮은 생김새이지만 넷 중에 무엇과도 다르다 하여 사불상이라 이름 붙여진 중국 사슴과의 포유류. — 옮긴이)은 1990년경 그들의 고향인 중국의 야생에서는 사라졌다. 하지만 남아 있는 몇몇을 유럽의 동물원에서 사들인 다음, 영국 워번 수도원의 부지에서 종축군(동물의 개체 수 유지와 번식을 위해 관리하는 가축 무리. — 옮긴이)을 길러낸 제11대 베드포드 공작 같은 수집가 덕분에 멸종하지는 않았다. 공작이 기르던 사불상의 종축군에서 일부가 1980년대에 중국으로 귀환했고, 현재 그들의 미래는 조금은 밝아 보인다.

야생에서 자취를 감추었으나 포획된 개체군으로 남아 있는 다른 동물들은 아프리카의 흰오릭스, 북아메리카의 와이오밍두꺼비, 멕시코의 몬테레이플래티피시, 크리스마스섬의 푸른꼬리빛나는도마뱀이 있다.

동물원 협회들이 작은 열대 달팽이 같은 생물의 목록을 만들고 추적 관찰하지 않는다면, 더 이상 그들이 지구상에 존재하지 않는다 해도 어떻게 세상이 그 사실을 알겠는가? 이런 일 때문에 동물원은 때로 미래를 위해 동물을 구하는 방주 역할을 할 수 있다.

동물원에 찬성하는가 반대하는가?

이 사안을 조사하기 전에 나는 마음을 정하기가 어려웠다. 동물을 가둬두는 것을 반대하는 주장도 일리가 있으며, 동물원에서 동물을 학대하고 함부로 다룬 끔찍한 예도 많다. 또한 멀리까지 날아다녀야 할 맹금류처럼 동물원에서 보고 싶지 않은 동물도 있다. 돌고래 수족관과 수중 동물을 전시하는 관광 명소는 동물원으로 치지 않겠다. 당연히 그런 곳을 방문하지도 않을 것이다.

하지만 동물원, 특히 최고의 현대식 동물원은 동물 보존에 중요한 역할을 한다고 생각한다. 이 동물원들은 단지 보존을 위해 동물을 기르는 데에서 그치지 않는다. 그보다 훨씬 더 많은 일을 한다. 야생동물과 그들이 필요로 하는 것을 더 잘 이해하기 위해 전 세계적인 프로젝트에 자금을 지원하고 후원하는 것이다.

영국아일랜드동물원수족관연합The British and Irish Association of Zoos and Aquariums: BIAZA은 다음의 일을 시작했다.

- 야생동물과 서식지 보존의 중요성을 고취하는 일
- 효율적인 보존 프로그램에 참여하는 일
- 수준 높은 환경 교육과 훈련, 연구를 제공하는 일

- 동물원과 수족관과 야생동물의 복지에서 가장 높은 기준을 설정하고 이를 달성하는 일

영국과 아일랜드 바깥에는 세계동물원수족관연합World Association of Zoos and Aquariums: WAZA, 유럽동물원수족관연합 European Association of Zoos and Aquaria: EAZA이 있다. 그들은 보존 과학에 대한 지식과 동물을 돌보는 최상의 방법을 개발하기 위해 함께 일한다. 동물원 동물과 함께하는 수의사는 다양한 종에 대해 전문가가 된다. 동물 각각의 건강과 질병, 그들을 돌보는 가장 좋은 방법을 터득한다. 그다음에는 전 세계 동물원이 실행에 옮기도록 돌봄 가이드라인을 공유한다. 그리고 전문 지식을 갖추고 인간에게도 퍼질 수 있는 동물 질병에 대한 중요한 정보를 개발한다.

요약하자면 동물을 절대 동물원에 가둬서는 안 된다고 말하기에는 사정이 복잡하다. 물론 나는 동물에게 어떤 환경을 제공하고 동물원에 어느 종을 두어야 할지에 대해, 그리고 동물을 방치할 경우 지금보다 훨씬 더 무거운 벌을 주어야 한다는 점에 대해 전 세계적으로 엄격한 규제가 생기기를 바란다. 하지만 대체로 나는 동물원이 위협받는 동물의 생존을 보장하고, 동물에 관한 교육을 수행하며, 야생 서식지를 보

호하는 데 중요한 역할을 담당한다고 생각한다. 카리스마 넘치는 대형 포유동물에만 관심을 갖다 보면 동물원이 양서류나 파충류처럼 더 작은 생물과 하고 있는 중요한 일을 놓치기 쉽다. 이런 동물은 동물원에서 힘들지 않게 살아가는 경우가 많으며, 대다수가 성공적으로 야생으로 귀환했다. 동물원과 적색 목록이 없다면, 우리는 야생 생명을 보호하는 데 필요한 상세한 지식을 얻지 못할 것이다.

집에 있는
동물

우리는 반려동물과 함께하는 일이
인간만이 아니라 동물에게도
좋은 일이기를 마땅히
바라야 한다.

동물을 알아가고 사랑하고 돌보고, 동물과 소통하며 그들의 욕구를 이해하는 법을 배우는 것은 멋진 일이다. 반려동물은 훌륭한 벗이 되고, 청각장애인 안내견(청각장애인에게 초인종, 알람, 자동차 경적 등 일상생활 속 소리를 몸으로 전달한다. — 옮긴이)이나 시각장애인 안내견처럼 사람에게 커다란 도움을 주기도 한다. 그리고 혼자 사는 많은 이에게 고양이나 개의 존재는 무엇과도 견줄 수 없다. 사람들은 반려동물과 규칙적으로 산책하며 걷기 운동을 한다. 고양이, 개, 토끼를 쓰다듬을 땐 불안이 가라앉고 면역 체계가 활성화하여 이롭다는 사실도 증명되었다.

하지만 우리는 반려동물과 함께하는 일이 인간만이 아니라 동물에게도 좋은 일이기를 마땅히 바라야 한다.

내가 처음으로 키웠던 반려동물은 푸른색의 작은 앵무새 피터로, 여섯 살 때 할머니에게서 선물로 받았다. 피터는 여러 해를 살았다. 그는 작은 새장 안에 있었지만 가끔씩 방 안을 날아다니고 목욕을 하도록 풀어주면 좋아하는 것 같았다. 나는 너무 어려서 잘 몰랐지만, 앵무새를 한 마리만 키우는 것은 가혹한 일이었다. 앵무새는 무리 지어 사는 매우 사회적인 동물이다. 피터는 오랜 시간을 거울에 비친 자기 모습에 대고 재잘대며 보냈다. 푹 빠진 것이 분명했다. 보기 좋았고 우리는 피터가 행복하리라 믿었지만, 이제 와서 생각해보니 그것은 피터가 새장 속에 친구가 있다고 스스로를 속이는 유일한 방법이었다.

그 밖에 내가 아이였을 때, 그리고 꽤 최근까지도 축제에서 상으로 금붕어를 주는 일이 흔했다. 이 불쌍한 물고기들을 물을 채운 작은 비닐 주머니에 한 마리씩 넣어두었다가 사은품으로 주었다. 몇이나 살아남아서 적합한 환경에서 키워졌을까? 물고기를 기를 계획이 전혀 없는 사람들에게 나눠 주다니 잔인하고 무책임하기 짝이 없는 일이었다.

동물을 결코 상으로 주어서는 안 된다. 동물을 돌볼 책임을 맡을 준비가 되지 않은 사람에게는 어떤 동물이든 주지 말아야 한다. 영국 자선단체인 RSPCA가 이런 구호를 쓰는 이유도 그 때문이다. "개는 평생을 위한 것이다, 크리스마스만을 위한 것이 아니다." 불행히도 동물 구조 단체에는 여전히 크리스마스 휴가가 끝나고 나면 버려진 반려동물과 생각 없이 충동적으로 사거나 선물로 받은 동물이 많이 온다. 최근에는 코로나19 봉쇄 기간 동안 벗 삼으려고 반려동물을 들였다가 나중에 싫증을 내면서 버리는 비슷한 상황이 일어났다.

특정 반려동물을 맞이하기 전에 스스로에게 꼭 필요한지, 어떻게 돌볼지 질문을 해보는 것이 중요하다.

예를 들어, 개를 키울 생각을 한다고 가정해보자.

- 어떤 종류를 생각하는가? 대형, 소형, 중형? 어떤 종은 기르는 데 특별히 요구되는 사항이 있거나 다른 종보다 운동을 더 많이 시켜야 한다는 점을 유의해야 한다.
- 강아지인가, 성견인가? 강아지는 귀엽지만 주의해야 할 점이 더 많다. 훈련시키고, 규칙적으로 건강검진을 받게 하고, 특별한 음식을 주어야 한다. 강아지는 신발이나 가구를 씹어서 망가뜨리기도 한다. 귀여워 보이지만 금세 성견이 된다는 사실도 잊지 말자.
- 적당한 개를 어디에서 찾을 것인가? 브리더breeder(전문적으로 개의 품종을 개량하고 번식 및 사육하는 사람. — 옮긴이)에게서 살까? 동네 광고를 뒤져볼까? 집이 필요한 구조견을 찾아볼까?
- 어떤 특별한 장비가 필요한가? 침대, 강아지 하네스, 장난감, 사료와 물을 먹일 그릇?
- 밤에는 개를 어디에서 재울 것인가?
- 춥거나 비가 오는 날이라도 매일 개를 밖에 데리고 나가 산책시킬 마음이 있는가?
- 집이나 정원에 개가 산책 시간 사이사이에 놀고 운동할

공간이 충분한가?

- 먹이고, 산책시키고, 똥을 치우는 등 매일 돌보는 일을 누가 담당할 것인가?

- 개의 건강한 식단을 위해 무엇이 필요한지, 매일 사료 양을 얼마나 주어야 하는지 알고 있는가?

- 앉기, 그대로 있기, 발뒤꿈치로 걷기 등 간단한 명령을 따르도록 어떻게 훈련시킬 것인가?

- 개의 배변 훈련은?

- 집안 구성원 전부, 특히 어린아이가 개를 어떻게 대해야 하는지를 잘 아는가?

- 가족이 모두 일하러 나가거나 학교에 간다든지 하여 낮에 개를 오랫동안 혼자 두어야 하는가?

- 휴가 등의 이유로 개를 애견 호텔 등에 맡겨야 할 때가 있는가?

- 비용은? 구충제 먹이기와 백신 접종은 물론이고, 규칙적으로 건강검진을 받게 해야 한다는 점을 잊으면 안 된다. 비용이 늘어난다!

- 개에게 중성화 수술을 시킬 것인가? (번식하지 못하도록 난소를 제거하거나 거세를 한다.) 이 점에 대해서는 복지 단체의 충고가 많이 나와 있다.

- 집에 고양이 같은 다른 동물이 벌써 있는가? 새 동물을 어떻게 들일 것인가?
- 개가 꽤 오래, 15년 이상 살 수도 있다는 점을 고려했는가? 개의 미래를 위한 계획을 세울 수 있는가?

이 목록은 여러분을 불쾌하게 만들려는 의도에서 작성한 것이 아니다. 이런 문제에 대해 생각해보면 개를 키울 준비가 되었는지 점검할 수 있고, 개가 여러분의 집에 순조롭게 적응하는 데 도움이 될 것이다.

동물 자선단체로부터 좋은 조언을 얻을 수도 있다. 웹 사이트를 검색해 반려동물을 집에 들이는 일과 그들을 돌보는 법에 관해 더 많은 정보를 찾아보자.

강아지 공장에서는 사지 말자!

'강아지 공장'은 강아지를 많이 번식시키는데, 강아지들이 제대로 삶을 시작할 수 없는 열악한 조건인 경우가 많다. 여러분은 그곳에서 강아지를 데려와 구출한다고 생각할지도 모르지만, 실은 판매자가 더 많은 강아지를 번식시키도록 부추기는 셈이다.

영국의 애견협회Kennel Club와 영국수의사연합British Vet-erinary Association과 RSPCA는 공동으로 웹 사이트 강아지 계약puppycontract.org.uk을 만들었다. 강아지 공장을 찾아내는 법, 강아지를 고르고 돌보는 법에 대한 정보를 담은 곳이다. 강아지 공장은 점차 금지되는 추세이지만, 우려되는 광고를 본다면 지역 동물 복지 단체에 알리는 것이 좋다. 미국에서는 미국애견협회American Kennel Club가 책임감을 갖고 번식시킨 강아지를 찾아내는 법, '강아지 사기puppy scams'를 피하는 법 등에 관해 많은 조언을 제공한다. 다른 나라에도 도움과 안내를 제공하는 단체가 있다.

구조된 동물에게 집을 마련해줄 수 있을까?

좋은 집을 필요로 하는 잠재적 반려동물이 아주 많다! 동물 단체는 특정 동물에게 필요한 집을 구해주려는 보호소가 어디 있는지 여러분에게 알려줄 수 있다.

개를 좋아하지만, 고양이 쪽이 나랑은 더 잘 맞는다. 다양한 방식으로 고양이들이 우리에게 왔고 오랫동안 함께했다. 모두 아홉이었다. 처음 둘은 우리를 '간택한' 길고양이였다. 또 다른 둘은 버려졌다가 RSPCA가 구조한 새끼 고양이였다. 버림받고 고생하던 동물에게 좋은 집을 제공하는 것은 매우 보람찬 일이다. 우리 새끼 고양이들은 잘 지냈다. 형제자매라 함께 있었던 것도 도움이 되었다. 하지만 암컷 헤이즐은 다 늙어서까지도 낯선 이들을 두려워했다. 어릴 때 겪었던 학대를 끝까지 잊지 못하는 듯했다.

보호소나 쉼터를 찾아가 보면 아마도 집이 필요한 동물 중 눈에 쏙 들어오는 친구도 있을 것이다. 하지만 신중해야 한다. 이런 동물 중에는 주의 깊게 잘 돌봐야 하는 경우가 있고, 직원이 이런 점을 안내해주기도 할 것이다. 예를 들어 어떤 개는 다른 개들과 생활할 때 힘든 경험을 한 적이 있어서 다른 동물과 한집에서 잘 지내지 못할 수도 있다. 우리 헤이즐 같은 고양이는 인간에 대한 두려움을 극복하는 데 몇 년이 걸리기도 한다. 가까이 다가가면 공격성을 드러내는 고양이도 있다. 한편 구조된 동물이 모두 운이 나빴던 것은 아니다. 돌보는 사람이 죽었거나 다른 이유로 헤어질 수밖에 없게 된 경우처럼 줄곧 따뜻한 돌봄을 받다가 보호소로 온 동물도 많다.

여러분은 학대받은 동물에게 집을 제공해주면서 특별한 만족감을 느낄 수 있다. 인내심이 있고 차분하다면 말이다. 새로운 반려동물을 재촉하기보다는 제 속도대로 여러분과

좋은 집을 필요로 하는
잠재적 반려동물이 아주 많다!

의 생활에 적응하도록 놔두는 편이 좋다. 또한, 학대받았을 수도 있는 동물을 집으로 데려오기 전에 보호소나 동물 자선 단체의 전문적인 조언을 얻어야 한다.

동물을 안전하게 잘 키울 수 있는 환경인지 확인하기 위해 보호소 직원이 여러분 집을 방문하기도 할 것이다. 대부분의 고양이 구조 단체는 고양이가 아직 중성화 수술을 받지 않았다면 시키라고 할 것이다. 이미 너무 많아진 개체 수를 늘리지 않기 위해서다.

새집이 필요한 동물을 찾는 또 한 가지 방법은 여러분이 사는 동네 수의사에게 물어보는 것이다. 고양이 핀과 플뢰르는 이런 식으로 우리에게 왔다. 그들의 반려인이 이민을 가게 되면서 수의사에게 동네에서 키워줄 만한 집을 찾아달라고 부탁했다고 한다.

이색 반려동물

이색 반려동물에는 무엇이 있을까?

특이한 반려동물 키우기를 좋아하는 사람도 있지만, 어떤 동물이든 그들의 복지를 제일 우선해야 한다. 아주 특별한 공간, 온도, 습도, 먹이가 필요한 동물도 있다. 하지만 슬프게

뱀, 도마뱀, 거북이,
테라핀(작은 거북),
도마뱀붙이를 포함한 파충류

곤충과 거미

잉꼬, 앵무새, 마코앵무새
같은 조류

마모셋원숭이, 꼬리감는원숭이,
다람쥐원숭이 같은 작은 영장류
(RSPCA는 영장류를 반려동물로 키우는
것을 금지해야 한다고 주장한다.)

도 뱀이나 도마뱀붙이, 도마뱀 같은 동물이 건강히 지내려면 무엇이 필요한지 제대로 알아보지도 않고 이들을 집에 들이는 사람이 너무 많다.

일부 무책임한 사람은 돌보기가 지겨워지면 반려동물을 그냥 버리거나, 방치해서 죽게 만들기도 한다. 야생에 풀어놓는 행위도 마찬가지로 잔인하다. 이색 반려동물은 추위나 굶주림으로 죽거나, 도리어 야생동물에게 위험을 끼치거나 질병을 퍼뜨릴 수 있다.

안타깝게도, RSPCA의 보고에 따르면 이색적인 동물을 판매하는 상점 중에는 고객에게 좋은 조언을 해줄 만큼 충분한 지식이 없는 경우도 많아 사람들이 필요한 정보를 얻지 못한 채 동물을 들이게 된다고 한다. 수의사들은 인간이 고의로 동물을 학대하는 경우는 드물지만, 무지 때문에 이색적인 동물을 잘못 다루는 경우는 굉장히 많다고 말한다.

턱수염도마뱀은 인기 있는 도마뱀 중 하나다. 이 도마뱀을 키울 생각이라면 적어도 길이 120센티미터, 높이 60센티미터, 폭 60센티미터 크기의 사육장을 갖춰야 한다. 본래 서식지는 오스트레일리아의 더운 관목 숲이니까 온도 조절 장치가 있는 열 램프를 설치해서 몸을 데울 더운 자리(섭씨 38-42도)와 쉴 수 있는 서늘한 자리(섭씨 22-26도)를 마련해주어야 한다. 적당한 양의 빛을 쬘 수 있도록 파충류를 위해 특수 제작된 자외선 램프를 구비해야 하고, 밤에는 완전히 어둡게 해주어야 한다. 사육장의 온도와 습도를 매일 체크해야 한다. 도마뱀은 숨을 곳, 기어올라 볕을 쬘 가지, 굴을 팔 모래도 있어야 한다. 먹이로 말하자면 특정 종류의 녹색 샐러드, 귀뚜라미나 메뚜기 같은 살아 있는 무척추동물이 필요하다. 턱수염도마뱀에게 먹이기 전까지 이런 곤충을 가두어둘 우리와 적당한 먹이도 있어야 한다. 그리고 도마뱀이 병이 나면 파충류 전문 수의사에게 데려가야 한다. 그러니 이 동물을 들이기 전에 미리 병원 위치도 알아두어야 한다.

이런 기본 정보만 보아도 턱수염도마뱀이 충동적으로 가볍게 데려올 반려동물이 아니라는 사실을 알 수 있다. 집으로 데려오기 전에 이 모든 준비를 끝마쳐야 한다.

RSPCA는 2019년 영국에서 턱수염도마뱀 145마리를 구조했다. 그러니 이런 단체가 전 세계에서 얼마나 많은 수의 도마뱀을 구조해야 할지 상상해보라. 온갖 종류의 파충류 키우기가 점점 더 유행해서 도마뱀을 지나치게 많이 번식시키고 있다. 그러다 보면 도마뱀을 싸게 팔거나 심지어 공짜로 줘버리는 일까지 발생하고, 사람들은 특이한 반려동물을 키우는 새로운 맛에 한번 가져보고 싶다는 유혹에 빠질 수 있다.

이색 동물을 새로 분양하려는 사람이라면 적합한 환경에서 제대로 잘 키우겠다고 약속할 수 있는 사람에게만 동물을 주어야 한다. 그리고 여러분은 동물이 필요로 하는 것을 전부 제공하고, 건강히 잘 지내도록 충분한 시간을 들이고 관심을 기울일 수 있다고 확신할 때에만 반려동물 데려오기를 고려해야 한다. 지금만이 아니라, 동물이 죽을 때까지 내내 그렇게 보살펴주어야 하기 때문이다.

반려동물과 패션

불행히도 옷에 유행이 있듯이 반려동물에도 유행이 있다. 그렇다. 미니돼지, 핸드백 크기의 개, 미어캣, 테라핀 모두 한때 갖고 싶어 하는 대상이었지만 이런 유행은 당연히 동물에게 좋을 리 없다. 유행이라서 반려동물을 사는 사람들은 동물이 필요로 하는 것을 최우선 순위로 두지 않는다.

만화 〈닌자거북이〉가 1980년대와 90년대 인기를 끌었을 때 테라핀은 불티나게 팔렸지만, 슬프게도 수많은 거북이가 너무 크게 자라거나 더는 주인이 원치 않게 되자 버려졌다. 개처럼 길들여진 동물조차도 인기 때문에 피해를 보는 수가 있다. 예를 들어 퍼그, 불도그, 페키니즈는 납작한 얼굴을 얻으려고 선택적으로 번식시켰고, 그 결과 많은 강아지가 호흡에 어려움을 겪는다.

소셜 미디어의 영향으로 특이한 반려동물에 대한 수요가 커지고 있다. 피해를 본 동물의 한 예가 슬로로리스이다. 동남아시아에서 서식하며, 눈이 아주 큰 작은 영장류이다. 이 털북숭이 동물이 간지러워서 팔을 쳐든 사진과 동영상이 입소문을 타면서 수요가 치솟았다. 너무 많은 사람이 관련 정보를 잘 알지 못한 채 인스타그램용으로 딱 맞는 이 귀여운 동물을 원했다.

사실 슬로로리스를 가둬놓고 키우는 일은 잔인한 짓이다. 이들은 꼭 껴안고 싶은 장난감이 아니라 손 타는 것을 좋아하지 않는 수줍음 많고 예민한 동물이다. 위협을 받으면 겨드랑이에서 생성한 독을 이에 묻혀 꽤 아프게 물 수도 있다. 이 때문에 팔기 전에 마취제도 없이 날카로운 이를 뽑는 위험하고 고통스러운 절차를 거치는 경우가 많다. 주인은 슬로로리스가 관심을 즐긴다고 제멋대로 생각하고 팔을 쳐든 모습을 소셜 미디어에 올리곤 한다. 하지만 그렇지 않다! 팔 쳐들기는 공포와 고통의 표시이다. 그들은 겨드랑이에 있는 선에서 독소를 내뿜어 공격자를 물리친다. 그리고 눈이 큰 것도 다 이유가 있다. 야행성이라서 밝은 햇빛은 그들에게 고통을 준다.

절대 반려동물로 키워서는 안 되는 동물이 있는데, 슬로로리스가 바로 그 대표적 동물이다. 그 밖에 너구리, 주머니쥐, 미어캣, 길들이지 않은 고양이, 원숭이 같은 영장류가 있다.

반려동물 무역에서 인기 있는 종 중에는 마모셋원숭이, 다람쥐원숭이, 꼬리감는원숭이가 있다. 부주의한 구매자들은 이 원숭이들이 모두 눈이 크고 예뻐서, 그리고 아마도 인간을 닮은 재미있는 생김새라고 생각해 매력을 느끼는 듯하다. 하지만 이들은 따뜻한 기후와 특수한 먹이를 제공해야 하고

무심한 인간에게서 구해낸
동물 외에도 보이지 않는 곳에서
고통받는 동물은 셀 수도 없이
더 많을 것이다.

운동을 많이 시켜야 하는 열대 동물이다. 적절한 조건(반려동물로서가 아니라)에서는 20-40년까지 살 수 있다. 어미가 키우고 사교적인 집단을 이루어 살기 때문에 한 마리씩만 키우는 일은 잔인하고 부자연스럽다. 판매하는 동물 중에는 야생에서 어미를 죽이고 새끼를 빼앗아 데려온 경우도 있다. 그래서 이런 원숭이를 산다면 야생 개체군을 위험에 빠뜨리는 잔인한 무역을 부추길 수 있다.

생각하면 슬프지만, 무심한 인간에게서 구해낸 동물 외에도 보이지 않는 곳에서 고통받는 동물은 셀 수도 없이 더 많을 것이다.

야생동물 불법 거래

또 한 가지 우려는 이색적인 반려동물에 대한 수요로 인해 불법 거래가 생길 수 있다는 점이다.

야생동물 무역이 다 불법은 아니지만, 야생동물 범죄는 대규모 사업이다. 전 세계 수백만 마리의 동물이 연관된 거대한 암시장이다. 야생에서 잡은 동물을 인공적으로 번식한 것이라며 구매자를 속이는 경우도 흔하다.

비밀스럽게 이루어지기 때문에 불법 거래의 정확한 규모

를 말하기는 어렵지만, WWF에 따르면 이것이 일부 동물이 멸종 위기종 명단에 포함된 이유이기도 하다. 예를 들어 아프리카 회색앵무는 팔기 위해 너무 많이 잡은 탓에 본래 서식지인 가나에서는 거의 자취를 감추었다. 이 앵무새는 인간의 목소리를 흉내 내고 말을 잘 배워 인기가 높지만, 그 때문에 위기에 처하게 되었다. 이 앵무새들은 포획 상태에서는 쉽게 번성하기 어려워서, 45-65퍼센트는 운송되는 도중에 죽는다. 유럽연합은 2007년 아프리카 회색앵무의 수입을 금지했지만, 여전히 전 세계 곳곳에서 거래되고 있다.

동물들은 궤짝이나 상자에 실리거나 심지어 플라스틱 병에 쑤셔 넣어진 상태에서 물이나 음식을 먹지 못한 채 장거리 운송되기도 한다. 이토록 잔인한 방식은 너무 구역질이 나서 여기에 자세히 쓸 수도 없을 정도이다. 운송 과정에서의 높은 사망률은 피할 수 없는 '영업' 손실로 간단히 처리된다. 특히 적절한 돌봄을 받지 못한 상태로 포장되고 운송되는 새들은 더욱 많이 죽는다.

이런 불법 거래는 동물을 애완동물로 쓰거나 서커스단이나 평판이 나쁜 동물원으로 보내기 위해 행해진다. 또한 가죽을 얻을 용도의 파충류와 '전통적인' 약에 쓰려고 코끼리 상아, 코뿔소 뿔, 호랑이 몸의 일부처럼 특정 부위를 사고팔기도 한다. 전 세계에서 가장 많이 밀거래되는 포유동물인 천산갑은 야생에서는 거의 멸종 상태에 이르렀다. 지난 10년 간 야생에서 100만 마리가 잡힌 것으로 추산된다. 천산갑은 고기를 얻기 위해, 또 비늘이 병을 치유하는 힘이 있다는 미신 때문에 팔려나간다. 천산갑은 합법과 불법 거래 둘 모두에 의해 멸종 직전까지 내몰린 동물의 대표적인 예이다.

WWF는 이런 불법 무역에 맞서 싸우고 법과 처벌을 더 강화하려고 노력하는 단체 중 하나이다. 멸종 위기에 처한 동식물 교역에 관한 국제 협약Convention on International Trade in Endangered Species: CITES은 일부 종은 거래를 금지하고, 어떤 종은 거래 숫자에 제한을 두었다. 그러나 불법 밀거래는 계속 이루어지고 있으며, 많은 멸종 위기종에게 가장 커다랗고 직접적인 위협을 끼치고 있다.

그러니 여러분이 이색적인 동물, 새, 파충류를 반려동물로 키우기 위해 사기로 결정했다면, 그 동물이 인공적으로 번식한 것인지, 판매자를 신뢰할 수 있는지, 자신도 모르는 사이에 포획된 야생동물의 잔인한 거래를 후원한 셈이 되는 것은 아닌지를 꼭 확인해봐야 한다.

이색 동물을 키우기로 마음먹었다면

먼저 스스로에게 다음과 같은 질문을 던져보자.

- 왜 이런 특별한 동물을 키우고 싶은가?
- 동물을 건강하게 기르려면 무엇이 필요한지 충분히 아는가?
- 특수한 장비와 먹이를 구비할 여유가 있는가?
- 동물을 돌보는 데 시간을 낼 준비가 되었는가?
- 주위에 이색 동물을 진찰할 전문 수의사가 있는가?
- 동물이 아프면 치료비를 낼 여유가 있는가?
- 동물이 어느 정도 크기까지 자라며, 수명은 얼마나 되는지 아는가?
- 구조 센터를 통해 동물을 찾을 수 있는가?
- 구매한다면, 판매자가 단지 돈을 버는 일뿐 아니라 동물 복지에도 관심이 있는지 확인할 방법이 있는가?
- 동물이 야생에서 포획되었거나 불법으로 거래되지 않았다는 사실을 100퍼센트 확신할 수 있는가?

이렇게 경고하고 주의를 주긴 했지만, 반려동물과 함께하는 일은 여러분 인생에서 최고의, 가장 보람찬 경험 중 하나라는 점을 말해두어야겠다. 제대로 아끼고 돌봐준다면 여러분의 반려동물은 기쁨과 우정, 행복을 여러분과 주변 사람들의 삶에 가져다줄 것이다. 반려동물은 가족의 일원이 될 것이며, 여러분은 그들의 기억을 영원히 소중하게 간직하게 될 것이다. 내가 나와 함께 살았던 모든 고양이들을 기억하듯이.

반려동물과 함께하는 일은
여러분 인생에서 최고의,
가장 보람찬 경험 중
하나다.

살금살금
기어가고,
꿈틀거리고,
날아다니는 것

기어 다니거나 꿈틀대는 것은
전부 다 더럽고 위험하고
구역질 난다고 생각하는 사람이
많은 것 같다.

내 몇몇 친구를 비롯해, 완전히 무해한 거미를 보고도 비명을 지르며 호들갑을 떨고 집에서 보이면 죽이기까지 하는 사람들이 있다. 마치 내가 사는 영국에서 집 거미가 무슨 위협이라도 된다는 듯이! 다른 나라에는 사람을 무는 독거미도 있지만, 영국에는 없다. (거미를 없애고 싶지만 손대기는 싫다면, 유리잔이나 머그잔을 덮어서 가두고 그 밑에 종이를 밀어 넣은 다음 안전하게 옮기면 된다.) 어쨌든 이렇게 진저리를 치다가도 가을에 이슬 맺힌 잔디 위로 늘어진 거미줄이나 겨울에 서리 내린 거미줄을 보면 태도가 달라진다. 그때는 이 거미들의 작품이 지닌 아름다움과 섬세함을 찬양하곤 한다.

슬프지만 기어 다니거나 꿈틀대는 것은 전부 다 더럽고 위험하고 구역질 난다고 생각하는 사람이 많은 것 같다. 벌레라고? 꺄-악! 딱정벌레? 우-욱! 애벌레? 으으으!

하지만 그들에 대해 알게 되면 곧 다른 어떤 야생동물 못지않게 멋지다고 여길 것이다. 벌레를 보면 비위가 상할 수도 있지만, 벌레가 없다면 우리는 어떻게 될까? 정원에 벌레가 산다면 좋은 일이다. 토양이 건강하다는 뜻이니까. 어떤 벌레도 정원에 문제가 있음을 의미하지 않는다. 지렁이는 핵심종keystone species으로 알려졌는데, 잎과 그 밖의 유기물질을 재활용하고 토양의 양분을 증가시켜 식물들이 자랄 수 있도록 돕는다. 환경의 균형을 맞추는 없어선 안 될 존재인 것이다. 우리 모두는 식물이 없으면 살 수 없다.

곤충으로 말하자면 이와 비슷한 존재가 많다! 내셔널지오그래픽에 따르면 지구상 인간 한 명당 약 14억 마리의 곤충이 있고, 그들 모두가 생태계에서 중요한 역할을 한다. 예컨대 벌이 없으면 어떻게 될까? 국제 환경 단체 어스워치Earthwatch는 벌이 지구에서 가장 중요한 생명체라고 말한다. 식물이 꽃에 수분을 하려면 벌이 꼭 필요하기 때문이다. 그중에는 우리가 과일과 씨를 먹는 많은 식물이 포함된다.

또 하나 진짜로 굉장한 곤충은 여러분이 틀림없이 본 적 있고, 어디서나 찾을 수 있는 것이다. 바로 흔한 정원 개미이다. 개미의 행동을 자세히 들여다본 적이 있는가?

개미 — 자연의 경이

예전에 이탈리아 시골에서 휴가를 보내던 중, 가로수가 늘어선 시골 길가를 따라 같은 방향으로 줄지어 가는 개미들을 본 적이 있다. 호기심이 일었다. 개미는 뭘 하고 있으며, 어디로 가는 걸까? 이들의 줄은 800미터 이상 이어지다가 땅 밑으로 사라졌다. 분명 집으로 가는 길이었다. 개미 중 상당수는 알이나 이파리를 지고 바삐 기어갔다. 뭔가가 개미집을 공격하는 모양이었다. 하지만 누가 이동해야 한다고 결정했을까? 이들이 어디로 향하고 있는지 누가 알까?

개미들의 협동은 놀라울 정도이다. 나는 몇 번 정원 일을 하다가 실수로 개미집을 망가뜨렸는데, 그러면 일개미들이 즉시 나서서 알을 안전지대로 옮기는 모습을 볼 수 있었다. 붉은 개미이거나 흰개미일 경우, 당신이 가까이 있으면 물 수도 있다(개미는 물고서 개미산을 쏘는데, 해롭지는 않지만 약간 따끔거린다). 개미들은 한 팀으로 움직이며, 각각이 제 역할에 따라 부지런히 일한다.

많은 사람에게 개미는 그저 골칫거리이고 해충이다. 하지만 개미를 잘 보고 그들에 대해 배우면, 개미가 문자 그대로 우리 발밑에 있는 자연의 경이임을 깨닫게 된다.

내 정원에는 개미집이 여럿이다. 완벽한 잔디밭을 좋아하는 사람이라면 개미집을 없애려 할 것이다. 집 주변에서 개미가 눈에 띄면 당연하다는 듯이 슈퍼마켓이나 원예 용품점에서 개미 살충제를 사는 이들이 있는데 그 모습을 보면 경악스럽다. 그러느니 나는 내 정원에 야생동물을 그냥 놔두겠다. 개미는 토양을 기름지게 하고 수분을 돕는다. 그리고 개미 덕분에 그들을 잡아먹는 청딱따구리가 자주 찾아온다.

개미에 관한

개미는 크기에 비해 전 세계에서 가장 힘센 생물 중 하나이다. 개미는 제 몸무게의 50배까지 나를 수 있다.

전 세계에서 가장 크다고 알려진 개미집은 아르헨티나에서 발견되었다. 폭이 무려 6,000킬로미터에 달하는 초거대 군락이다!

개미는 1억 3,000만 년 전 공룡시대에도 있었다. 인간이 진화를 시작하기 1억 2,800만 년 전이다.

인간 한 명당 지구상에 150만 마리의 개미가 있는 것으로 추정된다.

개미는 인간보다 훨씬 먼저 농사를 지었다. 그들은 땅속에 균류를 키우고 돌본다. 또한 진딧물과 관계를 유지한다. 진딧물은 개미에게 당분이 풍부한 먹이인 분비물을 제공하고, 개미는 그 보답으로 진딧물을 사육하고 적으로부터 보호한다.

놀라운 사실

개미들은 냄새와 촉감, 진동으로 의사소통한다. 벌처럼 한 개미가 다른 개미들에게 먹이를 찾아낸 곳을 알릴 수 있다.

개미는 남극대륙을 제외한 전 세계 어디에서나 산다.

상처 입은 개미는 다른 개미들이 구조하여 개미집으로 데려가 회복을 돕는다.

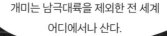

개미들은 서로 꼭 달라붙어 자기들의 몸으로 다리를 만든 다음, 다른 개미들이 건너갈 수 있게 한다.

여왕개미는 30년까지 살 수 있다. 그 어느 곤충보다도 긴 수명이다.

곤충은 생태계에 없어서는 안 될 존재이다

곤충 세계에는 나비, 벌, 풀잠자리, 잠자리, 실잠자리처럼 아름다운 생명체가 있다. 혹은 우리가 훨씬 덜 좋아하는 존재도 있다. 말벌을 좋아하는 사람은 별로 없다. 깔따구나 모기도 인기가 없다. 하지만 그들 모두 생태계에는 중요하다.

예를 들어 말벌은 꽃가루를 옮겨주고, 다른 곤충과 그들의 유충을 먹이로 삼아서 곤충 개체 수의 균형을 유지한다.

모기 유충은 쓰레기를 먹어치워 연못 물을 깨끗하게 유지되도록 돕는다. 성충과 유충은 새, 개구리, 물고기의 먹이가 된다. 모기도 꽃가루를 옮겨준다. 말라리아를 퍼뜨리는 종도 있지만, 대부분의 모기는 우리에게 해롭지 않다. 3,000종이 넘는 모기 중에서 인간을 무는 것은 200종뿐이다. 또한 모기가 우리에게 도움을 준 점이 하나 있다. 과학자들은 모기의 긴 주둥이를 연구하여 통증을 최소화할 주삿바늘을 개발했다.

생태계란 무엇일까?

생태계란 특정한 환경, 그리고 생물과 무생물을 포함하여 그 안에 있는 모든 것이다. 그러니까 식물과 동물, 빛과 열, 습기이다. 사실상 모든 것이 먹어치우고, 소화하고, 죽은 것을 먹

고 자라고, 분해하는 등 제 역할을 한다. 생태계는 사막처럼
규모가 엄청 클 수도 있고, 정원의 연못처럼 작을 수도 있다.
각 생태계는 자신의 식물, 동물, 무척추동물, 미생물을 먹여
살리며, 이러한 것들은 거꾸로 생태계의 균형을 유지해준다.
그렇기에 하나의 종이 다른 많은 종에 지대한 영향을 미칠
수도 있다.

생태계는 사막처럼
규모가 엄청 클 수도 있고,
정원의 연못처럼 작을 수도 있다.

균형을 유지하기: 어떻게 해달이 탄소 배출을 줄일 수 있을까?

- 북태평양에서는 모피를 얻으려고 해달을 많이 죽인다.

하지만 그렇게 되면…

- 해달은 성게를 잡아먹는다. 해달이 사라지면 성게가 엄청나게 늘어난다.

➕ 해달을 다시 데려온다.

➕ 남아도는 성게를 먹어치운다.

- 성게는 해초를 먹는다. 해초는 대기 중의 탄소를 흡수하고, 물고기와 다른 해양 생물에게 피난처를 제공하는 물속의 숲이다.

➕ 해초가 다시 자란다.

➕ 물고기와 그 밖의 해양 생물이 해초 숲으로 돌아온다.

- 성게가 해초를 다 먹어치워서 해저가 수중 사막처럼 황폐해진다.

➕ 해초가 탄소를 흡수한다.

➕ 건강한 생태계가 복원된다!

나는 이 사례가 모든 것이 어떻게 연결되는가를 보여주어서 마음에 든다. 모피를 얻으려고 동물을 죽이고, 서식지를 망가뜨리고, 기후변화를 일으키는 일들 말이다. 또한, 인간이 피해를 복구할 방법을 찾아냈다는 점도 좋다.

생태계의 균형을 잡은 또 다른 사례는 미국 서부의 옐로스톤 공원에 늑대를 다시 정착시킨 것이다. 1800년대 후반에서 1900년대 초반 무렵 늑대는 인간에게 공포의 대상이어서 무자비하게 사냥당했다. 이는 엘크 개체 수에 심각한 영향을 미쳤다. 늑대가 사라지자 두려울 것이 없어진 엘크는 강둑에 난 것이라면 잔디, 관목, 묘목 등 닥치는 대로 다 뜯어먹었다. 새와 물고기, 그 밖의 작은 동물이 먹이를 구하거나 몸을 피하고 숨길 곳이 없어져버렸다. 잔디가 거의 사라지자 토양이 강으로 쓸려가고 강둑이 무너졌다.

1995년, 사람들은 늑대를 다시 그 지역에 풀어놓았다. 난폭했던 엘크는 공터에서 풀을 뜯는 대신 나무들 속으로 피했다. 식물, 나무, 관목이 강둑에 다시 자라니 늑대와 함께 자취를 감추었던 새와 수중 생물, 물고기가 되돌아왔다. 비버가 돌아와 댐을 만들고 웅덩이를 파자 수달과 물고기가 왔고, 수생식물이 자라면서 물고기와 무척추동물, 양서류도 모여들었다. 늑대는 토끼를 먹이로 삼는 코요테들 일부를 죽였으

므로 이제 토끼와 다른 설치류도 많아졌고, 그에 따라 맹금류도 찾아왔다. 전체 생태계가 더 풍요로워지고 다양해졌다.

이들 사례에서 해달과 늑대 같은 최상위 포식자는 생태계에 이롭다. 사실 생태계의 건강과 균형에 없어서는 안 될 존재이다. 이런 생물을 죽이면 다른 생물이 번성한다. 이처럼 하나의 중요한 종을 제거하면 식물과 동물뿐 아니라 탄소 배출, 토양과 대기에까지 영향을 끼치게 된다.

다른 종이 들어오고 나무가 더 크게 자라거나 빛의 양이 달라지기 때문에 생태계는 인간의 개입 없이도 항상 변화한다. 그러나 동물을 죽이거나 열대우림을 벌목하는 등의 인간 활동은 위험한 영향을 미칠 수 있다. 피해를 알아차렸을 때는 이미 늦은 경우도 있다.

지렁이가 자이언트 판다보다 중요할 수도 있을까?

이런 생각은 환경 과학 연구자인 세라 존슨Sarah Johnson이 내놓았다. 놀랍게 들리지만 그럴 만한 근거가 있다.

자이언트 판다가 멸종된다면 슬플 것이다. 모두가 인정하는 사랑스러운 동물, 상징적인 종이 없어지는 것이니까. 하지만 어떤 동물학자와 박물학자에 따르면, 자이언트 판다가 사라져도 생태계에 주는 영향은 크지 않다. 최상위 포식자인 늑대나 해달과 달리 환경에서 핵심종이 아니기 때문이다. 판다는 수가 적고, 대나무만 먹으며 홀로 사는 동물이기 때문에 먹어치우는 대나무 양이 줄어드는 정도의 영향밖에는 없을 것이다. 게다가 판다는 드물고 외따로 살기 때문에 대나무 숲에도 그리 큰 차이가 생기지는 않는다.

그러나 별것 아닌 듯한 지렁이가 멸종된다면 끔찍한 결과가 발생한다.

찰스 다윈Charles Darwin은 지렁이를 자세히 연구했다. 지렁이만을 다룬 마지막 책에서 그는 이렇게 썼다. "전 세계 역사상 이 허술한 조직의 생명체만큼 중요한 역할을 맡았던 동물이 있을지 모르겠다."

지렁이는 식물을 위해 토양을 건강하게 만드는 데 없어서는 안 될 존재이다. 지렁이는 유기물질을 재활용하고, 땅을 비옥하게 하며, 흙에 공기가 통하고 물이 잘 빠지도록 돕는다. 이로써 홍수와 토양 부식의 위험을 줄인다. 또한, 지렁이는 황폐해진 토양을 복구하고, 독소를 제거한다. 건강하고 비옥한 토양이 없다면 인간과 동물을 먹일 작물을 재배하고 수확하지 못할 테니, 지렁이는 생태계의 운명에 핵심적인 역할을 담당하는 것이다.

다음에 지렁이를 보게 되거든, 그들이야말로 지구상에서 가장 소중한 생물이라는 사실을 기억해야 한다. 중요한 일을 하는 중인 지렁이를 방해하지 않도록 주의하자!

야생으로
가자

자연은 어디에나 있다.
찾아보는 습관만 들이면 된다.

지금까지 나는 주로 길들인 동물, 그리고 인간이 다른 생명체를 이용하거나 그들과 상호 작용하는 방식에 초점을 맞추었다. 그러나 야생동물이 우리 주위 어디에나 있음을 기억해야 한다. 심지어 도시에도 있다. 주변 지역의 야생동물에 관심을 가지면 자연에 관해 많은 것을 배우게 된다. 정원이든 동네 공원이든 시골이든 상관없다. 자연과 야생동물을 관찰하면 다른 종에 대해 더 많이 알게 되고, 건강한 지구를 만드는 데 기여할 수 있다.

어디를 보아야 할까?

시골에 산다면 아마 지역 야생동물을 쉽게 찾을 수 있을 것이다. 하지만 도시에 살더라도 주의를 기울이면 많은 동물을 찾아낼 수 있다. 동물들은 공원, 강, 운하, 주말농장, 심지어 도시의 자연보호구역에서도 인간과 함께 다양한 방식으로 살아간다. 우리의 아래와 위에서 말이다. 새는 도시의 지붕 위에 내려앉는다. 여우는 영리하게 도시 정원에서 먹이와 몸을 피할 곳을 찾아낸다. 작거나 큰 설치류는 대개 인간의 주거지 가까이에서 몸을 숨기고 산다. 좁은 철길이나 운하의 배 끄는 길은 다양한 야생화의 서식지가 되며, 여러 가지 곤충도 모여든다.

여러분의 동네에는 뭐가 있을까? 인터넷을 검색해보면 전 세계 많은 도시에서 자연을 관찰할 곳을 찾을 수 있다. 습지, 강, 저수지는 야생동물을 발견하기에 특히 좋은 장소이다. 물 위의 오리와 거위가 쉽게 눈에 띄고, 물가와 진흙 둑에 황새나 두루미도 있다.

'도시의 새 관찰가The Urban Birder'로 유명한 영국 탐조가이자 작가인 데이비드 린도David Lindo는 도시 한복판, 야생동물이 있을 것 같지 않은 곳에서 사람들에게 야생동물을 보여주는 전문가이다. 그의 웹 사이트www.theurbanbirderworld.com를 찾아보면 아이디어와 영감을 얻을 수 있다. 여러분이 사는 도시에도 이런 일을 하는 사람이나 야생동물 단체가 있을지 모른다. 가이드 투어와 가족 활동을 제공하는 지역연구 행사는 야생동물에 대해 배우고 비슷한 관심사를 가진 사람들을 만나기에 아주 좋은 방법이 될 수 있다.

시골에는 자연보호구역과 공원뿐 아니라 농지, 숲, 황무지, 해안 지역을 지나는 오솔길과 둘레길이 많이 있다. 좋은 지도가 있다면 방문해볼 만한 곳과 지역의 산책 코스 안내를 찾을 수 있을 것이다.

여러분이 사는 곳의 계절상 변화도 살펴보자. 예컨대 영국에서는 초여름이면 제비가 찾아오고, 조금 더 지나면 서아프리카에서 칼새가 도래한다. 그들이 가을에 떠나면 뒤이어 '겨울 개똥지빠귀' 여러 종이 비교적 따뜻한 기후에서 겨울을 보내려고 북쪽 나라에서 날아온다. 어디에 살든 1년 내내 이런 변화들이 있을 것이다. 관찰력이 뛰어나다면 새, 곤충, 동물의 숫자와 이주 행방을 추적 관찰하여 중요한 정보를 제공하는 일을 돕는 조사에 참여해보자.

휴가는 야생동물을 보러 갈 좋은 기회이다. 꼭 이국적인 곳으로 여행을 가지 않아도 된다. 해변이 가까운가? 그렇다면 절벽, 강어귀, 습지 등 야생동물을 관찰하기에 훌륭한 서식지가 있을 것이다. 해안과 감조하천에 썰물일 때는 도요새와 같은 섭금류의 새를 볼 수 있다. 배를 타고 여행 간다면 장소에 따라서는 바다표범, 돌고래, 상어도 목격할 수 있다. 더 내륙으로 들어가면 자연보호구역, 호수, 국립공원을 방문할 수도 있다. 혼자서는 놓치기 쉬운 부분과 장소를 안내하는 가이드 투어나 활동을 찾아보자. 야생동물에만 온전히 집중한 휴가라면, 모든 대륙에서 투어를 제공하는 전문 여행사도 이용해보자.

위협받는 토종 동물

멸종 위기에 처한 동물을 생각할 때는 아마도 북극곰이나 호랑이 같은 이국적인 큰 동물부터 떠오를 것이다. 하지만 우리가 사는 곳의 토종 동물도 신경 쓸 필요가 있다.

많은 지역과 국가의 적색 목록이 전 세계에서 발행된다. 2020년 내가 사는 나라인 영국에서 첫 적색 목록이 발표되었다. 놀랍게도 위험 단계에 처한 생물의 목록에는 고슴도치, 물쥐, 다람쥐가 포함되었다.

내가 어릴 땐 고슴도치가 정원에 자주 나타나곤 했지만, 지금은 그 숫자가 급감해서 감소종으로 분류된다. 강가를 걷다 보면 물쥐가 첨벙거리는 소리가 요란하게 들리거나 눈에 띄기도 한다. (옛날이야기 『버드나무에 부는 바람The Wind in the Willows』 속 생쥐는 실제로는 물쥐이다.) 이렇게 많은 사랑을 받는 동물이 점점 사라져가고, 전 세계 모든 지역에서 이런 일이 일어나고 있다니 무서운 일이다.

우리가 무엇을 할 수 있을까?

가장 중요한 일은 여러분 주위의 야생동물, 새, 곤충의 존재를 알아차리고, 그들에 대해 배우고 지원하는 것이다. 동물에 대해 더 많이 알면 연구와 보존 프로젝트에 기여할 수도 있다. 예를 들면 야생동물이 살기 좋은 정원을 만드는 활동을 지지하여 동물의 서식지를 보호하는 것이다.

이 책 끝에서 더 많은 아이디어와 단체를 찾아보자.

자연은 어디에나 있다. 찾아보는 습관만 들이면 된다.

웹 캠

지역 및 전 세계의 다양한 야생동물을 찾아보는 좋은 방법은 야생동물신탁The Wildlife Trusts과 다른 단체의 웹 사이트를 방문하여 웹 캠을 보는 것이다. 이 카메라들은 1년 내내 작동하지는 않지만, 영국에서는 봄과 여름에 물수리, 송골매, 외양간올빼미가 새끼들을 기르는 모습이라든가, 바닷가 절벽에 자리한 세가락갈매기와 바다오리라든가, 오소리와 박쥐를 관찰할 수 있다.

익스플로어Explore.org는 전 세계에 설치된 웹 캠의 링크가 있는 멋진 웹 사이트이다. 늑대, 벌새, 아프리카 야생동물 외에도 볼거리가 한가득하다. 물속 상어와 산호초도 만날 수 있다. 링크는 감상하기에 가장 좋은 시간대를 알려주기도 하는데, 물론 여러분이 관찰하는 동안 뭔가 일어난다는 보장은 없다. 하지만 알래스카 폭포에서 연어를 잡는 갈색곰을 구경하면서 동시에 실시간으로 케냐에서 하마 두 마리가 물웅덩이에서 뒹구는 모습을 보는 경험은 특별한 기쁨이다. 나는 이곳저곳 장소를 옮겨가며 즐거운 시간을 보낸다. 이 다양한 동영상과 사진들은 사는 곳에서 멀리 혹은 가까이에 있는 놀라운 야생동물에 대해 더 많이 배울 수 있는 좋은 방법이다.

시민 과학자가 되자!

동물 보존에 기여하고 싶은 사람이라면 누구나 직접 참여하여 야생동물을 추적 관찰하면서 어떤 종이 번성하고 쇠락해가는지 확인해볼 다양한 프로젝트가 있다.

영국에서 이런 프로젝트 중 가장 유명한 것은 왕립조류보호협회Royal Society for the Protection of Birds: RSPB가 매년 1월 마지막 주말에 여는 대형 정원 탐조 행사Big Garden Birdwatch이다. 참여자는 한 시간 동안 새들을 관찰하면서 본 것을 기록한다. 여러분의 정원에서 해도 좋고, 공원이나 자연보호구역, 시골로 나가도 좋다. 관찰 기록을 온라인으로 보내면 몇 달 후 결과가 발표된다.

프로그워치USAFrogWatch USA는 사는 동네의 개구리와 두꺼비의 울음소리를 듣고 개구리 개체 수를 추적 관찰하여 지

웹 캠에는 늑대, 벌새,
아프리카 야생동물 외에도
볼거리가 한가득하다.
물속 상어와 산호초도
만날 수 있다.

역연구에 기여하도록 가르쳐주는 시민 과학 프로그램이다. 전문가가 될 필요는 없다. 지역이나 온라인에서 제공하는 훈련이 있으며, 여러분은 개구리에 대한 관심과 더 많은 것을 배우겠다는 열망만 가지면 된다!

모바일 앱 아이내추럴리스트iNaturalist에는 정보가 매우 많아서 여러분 주위의 식물과 동물을 찾는 데 도움을 준다. 가입하여 사용하면 전 세계 전문가와 열성적인 팬들을 만날 수 있다. 그들이 최근 진행하는 프로젝트 중 하나는 오스트레일리아 남부와 동부의 시민을 위한 환경 복원 프로젝트 Environment Recovery Project로, 사용자는 사진과 정보를 보내서 야생동물에게 산불이 미친 영향을 가늠하는 일을 돕는다.

이런 프로젝트 대부분은 전문 지식을 요구하지 않으면서도, 여러분에게 간단한 훈련을 제공해줄 것이다. 밖으로 나가 돌아다닐 필요도 없다. 주니버스Zooniverse가 만든 여러 프로젝트 중에는 깃털 프로젝트Project Plumage, 침팬지&보기 Chimp&See, 펠리 캠PELIcams처럼 집에서 참여 가능한 것들도 있다. 인터넷 링크와 약간의 시간만 있으면 된다.

미국의 생각하는 동물 연합Thinking Animals United은 참여 가능한 프로젝트 목록을 소개하고 있으며, 내셔널지오그래픽(월드와이드)도 온라인에서 시도해볼 프로젝트를 안내한다.

이런 데 동참하면 전 인류가 공동으로 동물의 행동과 서식지에 대한 정보를 쌓는 데 보탬이 되며, 전 세계 야생동물을 보호하는 데 한몫을 할 수 있다.

야생동물 친화적인 정원 만들기

여러분이 만약 정원 딸린 집에 산다면, 그곳을 야생동물을 위한 안식처로 꾸며보자. 공간이 크진 않더라도 딸기류가 열리는 작은 관목, 벌과 나비를 위한 식물을 심어보자. 잠자리와 실잠자리 심지어 개구리와 도롱뇽을 불러오고, 새와 작은 동물들이 마실 물을 제공할 연못도 만들자. 온라인에서 이에 관한 많은 조언을 얻을 수 있다.

요즘은 야생동물 정원을 갖춘 학교도 많다. 여러분이 학생인데 학교에 정원이 없다면, 선생님께 만들기를 제안해보자. 관심 있는 사람들을 모아 함께 가꾸고 돌보는 것도 방법이다.

잔디를 깔끔하게 깎고 화단의 잡초를 뽑아 깨끗이 정리하고, 주기적으로 시든 꽃을 쳐내 완벽하게 꾸민 정원은 야생동물에게 최고의 정원이 아니다. 여러분이 정원사가 아니라면 설득을 좀 해야 할 수도 있겠지만, 여러분이 만들어낼 더 작은 변화가 많이 있다.

야생동물을 위한 정원 가꾸기

정원의 새에게 먹이를 주자

새 모이 판이나 먹이통을 설치해서 정원의 새에게 먹이를
주자. 씨앗, 땅콩, 해바라기 씨, 음식 찌꺼기를 내놓으면
새들이 여러분의 정원에 자주 찾아올 것이다.

벌이 좋아하는 식물을 키우자

깨꽃, 라벤더, 마리골드, 해바라기처럼 벌이 좋아하는 식물을
키우자. 씨를 심어 식물을 길러보면 재미있다. 창턱의 화분에
심어 키우기를 시작해볼 종류가 많다. 해바라기가 가장 쉽다.
성장 속도가 빨라 쑥쑥 자라는 모습을 볼 수 있다!

잔디를 웃자라게 놔두자

잔디밭이 있다면 일부(혹은 전부)는 깎지 말고 놔두자.
무엇이 나오는지 보는 재미가 있을 뿐 아니라 꽃이 핀
잔디는 아름답기도 하다. 야생화에 곤충이 모이기도 한다.
잔디를 깎는다면, 깎는 사람에게 주기를 길게 늘려달라고
부탁하자. 야생화는 벌에게 중요하며, 아주 더운 날씨에는
오래 놔둔 잔디가 짧게 깎은 잔디보다 천천히 마른다.

시든 꽃을 치는 것을 그만두자

꽃이 시들면 잘라버리지 말자. 씨가 떨어지게 놔두면 가을과
겨울에 새들의 먹이가 된다.

쉴 곳을 제공하자

작은 나무 말뚝이나 삭정이 무더기는 딱정벌레와 거미는
물론이고 개구리, 두꺼비, 고슴도치에게도 쉴 곳을 제공한다.

나무를 심자

공간이 있다면 딸기류가 열리는 나무나 관목(화분 속 작은
것이라도)을 심어서 겨울에 새들에게 먹이를 제공하자.

물을 주자

연못을 만들 공간이 없다면, 땅에 통이나 싱크대, 세면대를
묻어서 수생 정원을 만들자. 어쩌다 생물이 빠지면 기어오를
수 있도록 물속에 돌멩이나 나뭇가지를 넣어두는 것도 잊지
말자.
연못이 없다면, 덥고 건조할 때는 물을 담은 받침 접시나
얕은 그릇을 내놓자. 동물, 새, 곤충이 더위 속에서 물을
찾느라 고생하는 일이 많기 때문에 도움이 될 것이다.

'벌 호텔'을 만들거나 사자

단생 벌에게 피난처를 제공하고 꽃가루 매개자를 정원으로
불러들일 '벌 호텔'을 만들거나 사자. 원예 용품점에서
팔겠지만, 대나무, 솔방울, 화분이나 지푸라기로 직접
만들어도 좋다. 온라인에서 만드는 법을 찾아보자.

둥지 상자를 제공하자

둥지 상자는 동네 새들을 끌어모아 여러분의 정원에서
번식하게 한다. 고양이로부터 안전하도록 충분히 높은 곳에
상자를 두어야 한다. 보호처가 될 관목 숲이나 산울타리가
근처에 있으면 더할 나위 없이 좋다.

해로운 제품은 피하자

정원을 가꾸는 사람이 있다면 그들에게 해로운 살충제나
달팽이 퇴치제를 쓰지 말라고 이야기해주자. 이것은 다양한
곤충을 죽일 뿐 아니라, 작은 포유동물에게도 위험하다.

퇴비 통을 두자

퇴비 통을 마련해 채소와 과일 껍질, 달걀 껍질, 그 밖의
날음식 찌꺼기를 넣자. 썩으면 비료가 되어 토양을 비옥하게
해주고 벌레가 살 곳을 만들어준다. 또한, 퇴비를 만들면
여러분 집에서 매립지로 가는 쓰레기도 줄어든다.

빗물을 모으자

정원에 빗물 받는 통이 없다면 하나쯤 둘 공간을 찾아내면 어떨까? 여기에 집 지붕이나 창고에서 흘러내리는 빗물을 모으자. 연못을 채우려면 수돗물보다 빗물이 낫다. 그리고 물을 절약하는 좋은 방법이기도 하다.

화분을 이용하자

공간이 충분치 않거나 정원 바닥이 포장되어 있다면, 화분이나 화단에 꽃을 키우자. 화분으로 꾸민 정원에 대해서는 온라인에 많은 조언이 있으며, 나비, 벌, 그 밖의 곤충을 끌어들일 식물을 고르는 데 도움이 될 것이다.

여러분의 정원을 즐기자!

정원이든 화단 몇 개이든, 여러분만의 작은 땅이 있다면 이런 기쁨을 누릴 수 있다. 식물을 돌보고, 자라서 꽃을 피우거나 씨앗을 맺는 모습을 보고, 꽃가루나 꿀, 씨앗이나 보호처를 제공하여 동네의 야생동물을 도와주자.

자연과 정신 건강

자연환경 속에 있으면 야생동물과 서식지를 보고 배울 수 있다. 여기에 또 한 가지 이점이 있다. 바로 정신 건강에 좋다.

숲이나 공원, 강가나 바닷가에 있으면 분주한 생활과 근심 걱정에서 벗어나 마음이 차분해진다. 정원 가꾸기, 산책, 야외 운동, 새나 동물 관찰하기는 스트레스와 불안을 줄여주고 우리 생활 너머로 멀리 보도록 시야를 틔워준다. 바닷가에서 파도 소리를 듣노라면 최면에 걸린 듯 마음을 온통 빼앗기기도 한다.

코로나19 팬데믹 기간 동안 많은 사람이 할 수 있을 때마다 밖으로 나가 새 지저귀는 소리에 귀를 기울이고 계절의 변화를 관찰할 기회를 가졌다. 도시나 빽빽한 교외에 사는 사람에게는 이런 경험이 어려울 때도 있었지만, 공원, 강둑, 운하 길이 바람을 쐬며 산책하고 놀 장소를 제공했다. 우리 삶은 엉망이 되었어도 평소처럼 새는 여전히 둥지를 틀고, 나무는 잎을 틔우고, 나비가 나타난다는 사실에 특별한 위안을 얻었을지도 모른다.

정신 건강 단체들은 요즘 친환경 치료 요법ecotherapy이라는 용어를 쓴다. 우울증을 겪는 사람에게 이 요법을 제공하는 것이 중요하다고 생각한다. 우리에게는 식물, 나무, 물, 열린 하늘과 가까이하고 싶은 뿌리 깊은 욕구가 있고, 확실히 알 수는 없지만 어떤 식으로든 그들의 존재에 반응하는 것 같다. 동물, 새, 곤충을 관찰하는 일은 그 자체로 보람차다. 작은 것을 마음에 담고, 주시하고, 감상하다 보면 우리 자신에게도 이로울 것이다.

상황을 더 나은 쪽으로
바꾸기 위해
무엇을 할 수 있을까?

상처 입은 야생동물을 발견하면 어떻게 해야 할까? 혹은 길을 잃고 혼자 남겨진 듯한 아기 새는? 누가 일부러 동물을 해치는 장면을 목격한다면 어떡하면 좋을까?

영국 RSPCA가 하는 다음의 충고를 잘 기억해두자. 여러분이 전 세계 어디에 살든, 지역 복지 단체로부터 비슷한 조언을 얻을 것이다. 또한 필요하다면 응급 구조 전화번호를 미리 알아두는 방법도 좋다.

- 부상당한 야생동물의 경우, 먼저 상처가 얼마나 심한지 살핀다. 스스로 회복할 수도 있다.
- 토끼나 새처럼 작은 동물은 지역 수의사에게 데려갈 수 있다. 수의사는 보통 다친 야생동물을 치료하거나 안락사하는 데 비용을 청구하지 않는다.
- 여러분의 안전이 무엇보다 중요하다. 야생동물에게 접근하거나 데려올 때는 아주 조심해야 한다. 예를 들어 오소리에게 물리면 굉장히 아프다.
- 동물이 다쳤거나 길가에 있을 때는 특히 주의하자.
- 여러분 힘으로 감당할 수 없거나 그다음에 어떡하면 좋을지 잘 모르겠다면 동물 복지 단체에 전화하자.
- 길을 잃은 듯한 개를 보면 지역 기관에 전화하자. 이런

동물을 돌보고 주인을 찾아주는 담당자가 있을 수 있다.

- 거리의 건강해 보이는 고양이 상당수는 길고양이이기 때문에 지역 기관에서 데려가지 않는다. 이런 고양이는 대개 여러분이 가까이 다가오게 허락하지 않는다. 그러나 사람을 잘 따르는 고양이는 주인이 있을 확률이 높다. 집을 잃은 것이 확실해 보이고 고양이를 안전하게 붙잡아 상자나 바구니에 넣을 수 있다면, 수의사에게 데려가 마이크로칩을 심었는지 확인해보자. 마이크로칩이 있다면 주인이 추적할 수 있다. 없다면, 수의사가 돌보거나 근처의 보호소에 보낼 것이다.

- 길을 잃은 듯 보이는 아기 새의 경우, 부모 새가 근처에 있을 가능성이 크다. 대부분 있던 자리에 그대로 놓아두면 된다. 아기 새를 둥지에 되돌려놓지 말자(둥지의 위치를 알고 있더라도). 새가 위험한 곳, 예를 들어 길에 떨어져 있다면 더 안전한 곳으로 옮겨주면 된다.

- 버려지거나 부상을 당해 새가 도움이 필요하다고 생각된다면, 지역 야생동물 재활 치료사에게 연락한다. 아기 새를 직접 키우려 하지는 말자. 아기 새는 아주 전문적인 돌봄이 필요하며, 그러지 못하면 대개는 살아남기 힘들다.

- 덫에 걸리거나 위험에 처한 동물, 예를 들어 깊은 진흙탕에 박힌 말 등을 보게 될 경우, 그 동물이 제힘으로 도저히 빠져나올 수 없을 것이 확실해 보인다면 RSPCA 같은 지역단체에 연락한다.
- 양이나 말 같은 동물이 길가를 돌아다니는데 관심 갖는 사람이 없는 듯하다면 지역 경찰에 신고한다.
- 고의적인 학대 행위를 목격하면 지역 복지 단체나 경찰에 알리자. 하지만 여러분이 위험해지는 일이 없도록 매우 주의해야 한다.

동물을 위한 캠페인

상황을 더 나은 쪽으로 바꾸기 위해 무엇을 할 수 있으며, 다른 사람들에게 어떻게 하도록 격려하면 좋을까?

나는 지금까지 자신의 원칙에 따라 살고, 동물에 대한 인식을 삶에서 중요한 부분으로 삼으며, 모든 면에서 잔인함을 피하는 방법에 관해 말해왔다. 이를 일상생활에 적용함으로써 여러분은 이런 가치관이 여러분에게 매우 중요하다는 사실과 우리의 습관이 어떻게 달라질 수 있는지를 다른 사람에게 보여줄 수 있다. 이는 많은 사람이 질문할 생각을 하지 않았던 구매 습관과 식습관에 도전하는 방법이기도 하다.

이보다 더 멀리 나아가고 싶다면, 할 수 있는 일이 많다.

전 세계적으로 여러분이 참여할 만한 여러 조직이 있다. 이 책 뒷부분에 목록을 작성해두었다. 직접 가입하여 캠페인과 활동에 힘을 쏟아보면 어떨까. 서명운동, 편지 쓰기, 야생동물 직접 돕기, 기금 모으기 등 할 일이 다양하다.

여러 단체에 속하기가 힘에 부치고 비용도 부담스럽다면, 굳이 가입까진 아니더라도 소셜 미디어를 팔로우해보자.

동물을 도울 다양한 방법이 있다

서명운동. 소셜 미디어에서 동물 단체를 팔로우하면 이런 것이 많다. 여러분이 직접 시작해보아도 좋다.

어떤 보호소는 구조된 동물을 임시로 맡아줄 집을 찾는다. 여러분의 집이 여건이 된다면 임시 보호로 도움을 줄 수도 있다.

동물을 도울 실제적 방법도 있다. 예컨대 지역 동물 보호소에서 자원봉사 하기이다. 보호소는 동물을 돌보고, 개를 산책시키고, 구조된 고양이가 사교성을 키워 새집에 적응할 수 있도록 안아줄 일손이 필요하다.

지역 자치단체장에게 연락하자. 캠페인이나 야생동물 친화적인 정원 가꾸기 같은 프로젝트를 지지한다는 내용의 글을 쓰고, 단체장의 이름도 올려달라고 부탁해보자. 직접 단체장을 만나 여러분의 관심사를 말할 기회가 생길 수도 있다. 지역 민주주의에 참여하는 좋은 방법이다. 여러분 지역의 대표가 누구인지, 어떻게 연락할지 온라인으로 검색하자.

그린피스Greenpeace나 세계자연기금, 그 밖의 단체들을 위해 캠페인을 벌이는 그룹이 주변에 있다면 참여해보자. 기금 모금과 캠페인에 일조할 뿐 아니라 지역 행사 정보도 얻을 기회이다.

말과 당나귀를 특히 좋아한다면, 동물을 돌보고 털을 다듬고 운동을 시키는 등 도움의 손길이 필요한 가까운 보호소를 방문해보자. 여러분을 환영할 것이다.

페이스북이나 그 외 소셜 미디어에서 생일맞이 기금 마련 행사를 하자. 나는 지난해 이런 식으로 컴패션인월드파밍을 위해 모금을 했다.

소셜 미디어에 올리는 내용에 변화를 주어보자. 무서운 이야기만 올린다면 관심을 끌기보다는 사람들이 싫어하게 만들 수도 있다. 목적을 갖고 포스팅하자. 예를 들면 사람들에게 #plasticfreeJuly(플라스틱 없는 7월), #buynothingday(아무것도 사지 않는 날), #veganuary(채식하는 1월) 등을 위한 서명운동에 동참하고, 편지를 쓰거나 서약해달라고 부탁하는 것이다. 성공한 이야기나 영감을 주는 동물, 곤충, 새의 사진을 올리자.

자연보호구역에서는 보호구역을 유지하기 위한 정기적 자원봉사 프로젝트를 만든다. 야생동물과 서식지에 대해 배울 좋은 기회이다.

연극 공연이나 설치물은 관심을 끄는 데 매우 효과적 방법이다. 멸종저항이 특히 이런 데 뛰어난데, 기후변화에 대한 인식을 높이기 위해 '다이인die-in' 퍼포먼스를 벌인다. 최근에는 캠페인 참여자들이 영국 남부 해변의 헤이스팅스 선창에 말없이 아이들 신발을 줄을 딱 맞추어 늘어놓았다. 기후 붕괴로 인해 생명이 위험에 처했음을 보여주는 단순하고도 가슴 저미는 방식이었다.

지역신문이나 뉴스 웹 사이트에 여러분이 어떤 일을 하며 왜 하는지 알리자. 기자와 사진기자가 방문해 기사를 쓸 수도 있다. 자신 있다면 지역 라디오에 여러분의 캠페인을 광고하도록 시간을 내달라고 부탁해보자. 지역 라디오, 신문, 웹 사이트는 항상 이야깃거리를 찾고 있으며, 헌신적인 젊은이의 제안에 특히 관심이 많다.

친구나 단체와 함께 인터뷰 연습을 하자. 거리에서 사람들에게 여러분의 주장을 어떻게 전달할까? 신문기자에게는 어떻게 짧고 효과적으로 말할 수 있을까?

분장하거나 가면을 쓰는 것도 관심을 끄는 좋은 방법이다. 살충제에 반대하는 캠페인을 하는 사람들은 벌 의상을 입기도 한다.

함께할 사람들을 모았다면, 도심이나 쇼핑가에서 플래카드를 디자인하거나 전단을 만들어 지역 주민 대상으로 홍보 활동을 해보자. 이런 활동의 목적은 사람들에게 서명운동에 동참하고, 단체에 가입하거나 지역 자치단체 공무원에게 편지를 써달라고 부탁하는 것이다.

소셜 미디어를 이용해 직접 캠페인하자. 트위터에 리트윗하고, 인스타그램에 포스팅하고, 해시태그를 활용하자!

포스터와 플래카드에 쓸 간단한 공예 재료를 모으자. 활용할 만한 마분지가 있는지 동네 슈퍼마켓에 물어보자. 큰 펠트펜, 페인트, 풀도 유용하다.

말솜씨가 좋다면, 여러분이 몸담은 학교라든가 직장에 동물에 대한 견해와 어떻게 세상을 바꾸고 싶은지에 대해 이야기할 기회를 달라고 부탁해보자.

동기를 유지하기

나는 다양한 동물 복지 단체와 캠페인을 팔로우해서 규칙적으로 이메일이 오고 소셜 미디어에 알림이 뜬다. 이 중에는 끔찍한 학대 장면을 보여주는 것도 있다. 바로 오늘만 해도 보기에도 괴로운 이야기 두 가지와 그냥 지나칠 수 없는 경고 한 가지를 받았다.

나는 오랫동안 캠페인에 참여해왔기 때문에 동물에게 가해지는 학대의 증거를 보는 데 익숙하다. 하지만 그렇다 해도 충격을 받고 공포를 느낀다. 절망감에 빠지기도 한다. 동물이 단순히 물건으로 취급받는 일이 결코 사라지지 않을 것만 같다. 고통을 무시해버리는 무관심 또한 영영 없어지지 않을 것 같다.

힘들 수도, 구역질이 날 수도, 속이 뒤틀릴 수도 있다.

결국 포기하고 현실을 받아들일 것인가? 그러지는 않기를 바란다.

그래서 우리 자신을 돌보는 일이 중요하다. 끔찍한 것을 너무 많이 보고 들으면 목적의식이 사라지고 무력감에 빠지며, 심지어 정신 건강에 해로울 수도 있다.

그 대신 할 수 있는 좋은 방법은 무엇일까?

한 가지는 긍정적인 면에 집중하는 것이다. 우리가 차이를 만들어내고 그에 따라 더 나은 쪽으로의 변화가 나타나기 시작한 곳에 말이다. 사실 사람들에게 끔찍한 사진을 보여주면 이슈에 관심을 갖게 하기보다 오히려 외면하게 만드는 결과를 낳을 수 있다. 누군가를 설득하려 해보면 이를 알게 된다. 대중은 알고 싶어 하지 않는다. 그리고 이와 마찬가지로, 여러분이 정말로 알고 싶다 하더라도 비참하고 무력한 기분에 빠져드는 것은 동기 부여에 좋지 않다.

나는 유명한 캠페인 활동가, 특히 어슬링 에드Earthling Ed, 크리스 패컴Chris Packham, 벨라 랙Bella Lack, 존 오버그John Oberg 같은 사람에게서 영감을 얻는다. 이외에 전 세계에서 영감을 주는 사람을 찾고 싶다면 이 책 뒷부분에 작성해둔 목록을 참고하자. 여러분이 생각하는 사람들을 추가해도 좋지 않을까? 그 밖에도 물론 유명해진 사람들이 많다. 특히 전 세계에서 젊은 사람들이 목소리를 내고 열정을 바치고 있다. '열정'은 다양한 맥락에서 지나칠 정도로 많이 쓰이는 단어이지만, 동물을 옹호하는 사람들은 정말로 자신의 명분에 열정적이다.

나는 또한 전 세계 여러 단체에서도 힘을 얻는다. 이 책을 쓰며 이미 알던 사실 외에도 더 많은 것을 배웠다. 동물에게 깊은 관심을 기울이고, 우리가 동물을 어떻게 다루어야 할지에 대해 생각하는 사람이 이렇게 많다니 놀라웠다. 방대한 지식이나 수년에 걸친 실전 경험을 갖춘 사람, 다른 이에게 영감을 불어넣어 주는 사람, 캠페인, 모금, 프로젝트를 조직하는 사람, 자신이 옳다고 믿는 것에 시간과 에너지를 바치는 사람이 있었다. 동물을 위해 목청을 높이는 엄청난 수의 집단적 목소리이다.

여러분도 목소리를 보태고 싶지 않은가?

긍정적인 자세를 유지하는 것도 방법

여러분의 정원, 발코니, 창가 화단, 학교 운동장 또는 직장에서 새, 곤충, 야생동물이 살기 좋게 만들 방법을 찾아보자. 다른 사람의 관심을 끌고, 생물들이 어떻게 살고 행동하는지를 보여줄 좋은 방법이다.

당신과 생각이 비슷한 사람을 찾아보자. 그들의 지지를 받으면 목적의식을 느낄 수 있다.

사람들을 설득할 최고의 방법을 생각해내어 창의적인 캠페인을 만들자. 여러분의 주장을 이해시키기 위하여 예술 작품, 분장, 유머를 활용하자.

단체에 직접 참여하거나 소셜 미디어를 팔로우하자. 성공담과 작은 승리에 대해 들을 수 있고 캠페인 활동이 성과를 낼 수 있음을 알게 된다.

지역에서 벌어지는 작은 행동이나
캠페인에 참여해보자. 동네
옷 가게에서 모피 액세서리를 팔지
말도록 설득하거나, 구내식당에
채식 메뉴를 더 많이 제공해달라고
부탁하는 것이다. 작은 한 걸음
한 걸음이 모두 도움이 된다.

소셜 미디어에서 존경하는 캠페인
운동가를 팔로우하자. 그들을
모범 삼아 포스트를 공유한다든가
서명운동을 한다든가 뉴스레터를
신청하자.

되도록 자주 자연 세계에서 시간을
보내자. 사는 지역에 따라 이런
곳은 동네 공원, 강이나 운하 길,
숲, 오솔길이 될 수 있다. 항상
관심을 가질 거리가 있다. 더 많이
볼수록, 더 많은 것이 보인다.

스스로에게 친절하자. 여러분의
힘만으로 세상을 바꿀 수는 없고,
우리 중 누구도 완전하지 않다.
하지만 우리가 떼는 작은
한 걸음이 다른 사람들에게
영향을 줄 수 있다. 휴식을 취할
시간을 갖고, 자신의 사기를
북돋아줄 만한 일을 해보자.

'열정'은 다양한 맥락에서
지나칠 정도로 많이 쓰이는
단어이지만,
동물을 옹호하는 사람들은
정말로 자신의 명분에
열정적이다.

사람들이 하는 말에 어떻게 답할까?

왜 그런지 몰라도 채식주의자에게 악담하는 사람들이 있다. 우리가 다른 사람에 대해 우월감을 갖고 설교하려 든다고 생각해서인지도 모르겠다. 아니면 속으로는 우리 이야기가 일리 있다고 생각하지만 고기를 포기하고 싶지는 않아서 우리를 깎아내리려 하는 걸까?

"아, 하지만 너 가죽 신발 신었잖아?"라거나 "네 고양이에게는 고기를 주지 않니?" 같은 질문을 들으면, 마치 우리에게 위선자가 된 기분을 느끼게 해서 우리 입장을 무너뜨리고 싶어 하는 것 같다.

내 대답은 ("아니, 난 낡아빠진 정원용 장화 말고는 가죽 신발은 안 신어"라든가 "그래, 내 고양이에게는 고기를 주지" 같은 대답을 제외하고) 나 자신을 완벽한 채식주의 생활 방식의 모범으로 내세우려 하지 않는다는 것이다. 나 스스로도 앞뒤가 맞지 않는 부분이 있음을 안다. 하지만 지키려는 원칙이 있고, 힘닿는 데까지 최선을 다한다. 누가 이것을 가지고 트집 잡을 수 있단 말인가?

여러분 입장이 무엇이든 누군가가 여러분에게 수치심을 안기도록 놔두지는 말자. 분명한 사실은, 여러분은 내키는 대로 먹고 사는 것 외에는 아무런 원칙도 없는 사람들보다

잘하고 있다는 것이다.

여러분이 마주칠 몇 가지 발언이나 질문에 대한 내 생각을 말하겠다. 대답을 미리 생각해보는 데 도움이 되고, 여러분 스스로의 입장을 자신 있게 설명할 준비도 될 것이다.

"돼지 한 마리하고 사막에 있게 되었는데,

돼지를 잡아먹지 않으면 굶어 죽어. 어떡할래?"

이상하지만 자주 듣는 질문이다. 내 대답은 돼지가 어떤 식물이나 씨를 먹는지를 잘 관찰하고 나도 따라서 먹어본다는 것이다. 물론 이것은 진짜로 진지하게 하는 질문은 아니다. 이 질문을 이렇게 뒤집어볼 수도 있다. "이 세상에 80억 명에 가까운 사람들이 있고, 그들 모두를 먹여 살려야 한다면 어떻게 할래? 과일, 채소, 씨, 곡물, 콩을 먹을래, 아니면 지구가 그걸 다 대줄 여유가 없다고 해도 죽은 동물을 먹을래?"

"하지만 모두가 고기를 먹지 않는다면,

그 동물들은 아예 살아보지도 못할걸."

이 질문에 대한 내 대답은 동물들이 집약식 축산 시스템으로 사육되거나 다 자라기도 전에 도축되는 상황이 더 나쁘다는 것이다. 이 질문의 반대편에는,

"우리가 동물을 먹지 않는다면, 동물이 세상을 지배할 거야."

이런 말을 하는 사람도 꽤 있지만, 말도 안 되는 소리다. 예를 들어 전 세계에 500억 마리의 닭이 있다고 추산되는데, 대부분 집약식 축산으로 사육되고 도살된다. 우리가 닭을 먹지 않기로 한다면 이 새들은 존재하지도 않을 것이다. 아주 간단한 사실이다. 그리고 이런 사람들은 정말로 동물이 지배할까 봐 걱정하는 걸까, 아니면 그저 '트집을 잡고' 싶은 걸까?

"그래서, 뭘 먹겠다는 건데?"

이런 질문은 상상력 부족을 뚜렷이 드러낸다. 마치 접시에서 고기를 치우면 아무것도 남지 않을 거란 듯이 말이다! 채식 기반 음식에는 쌀, 파스타, 빵, 셀 수 없이 많은 과일과 채소, 씨앗, 곡물, 견과류와 그것들을 조합해 만들어낼 끝없는 먹거리가 있다.

"식물만 먹으면 지겹지 않아?"

지겹지 않다. 매일 죽은 동물만 먹으면 지겹지 않나?

"하지만 단백질은 어디에서 섭취해?"

누군가 남의 단백질 섭취에 대해 걱정할 때는 상대가 채식주의자라는 사실을 알게 되었을 때뿐이다. 경주마, 코끼리, 하마, 자이언트 판다, 기린은 고기를 먹지 않지만 잘 사는 것 같다. 완전 채식주의자인 일급 운동선수도 늘어나고 있다. 진지하게 대답해주자면 콩, 씨앗, 곡물에서 단백질을 얻는다. 그리고 필요 이상으로 많은 단백질을 섭취하는 사람도 있다.

"채식주의 음식을 사려면 돈이 많이 들지 않아?"

재료를 사다가 요리해 먹는 대신 매번 반조리 식품만 산다면 그럴 수도 있다. 하지만 그건 고기 위주 식단의 경우도 마찬가지이다. 채식주의 음식이 더 비쌀 때도 있다. 예를 들어 식물성 우유는 보통 소에서 짠 우유보다 비싸다. 하지만 식물 위주 식단이 고기 위주 식단보다 대체로 돈이 덜 든다.

"식물도 감정이 있잖아?"

이 질문을 한 사람이 진지하게 그렇게 믿고 걱정한다면(그런 일은 잘 없다), 과일만 먹는 사람이 되어 과일과 씨앗, 딸기류, 콩, 견과류만 먹을 것이다. 즉 식물 자체는 먹지 않는다는 말이다. 육식하는 사람들은 채식주의자보다 더 많은 식물을 간접적으로 먹고 있다는 사실을 잘 모르는 것 같다. 그들이 먹고 있는 동물은 식물을 주된 먹이로 삼기 때문이다.

"하지만 우리는 고기를 먹게 되어 있어. 송곳니가 있잖아."

앞니, 송곳니, 어금니 등 이를 보면 우리는 잡식성이다. 하지만 우리의 소화기는 유인원과 원숭이의 것과 비슷하다. 그들은 주로 견과류, 과일, 씨앗, 곤충을 먹고, 일부만 가끔씩 고기를 먹는다. 그러니까 고기에 그리 많이 의존하지 않는다. 그리고 유인원과 원숭이와 달리 우리는 무엇을, 왜 먹을지에 대해 윤리적 결정을 할 수 있다.

"너는 생선 혹은 해산물 혹은 닭은 먹어도 돼?"

이런 질문은 누군가 우리에게 부과하는 규칙의 목록이 있음을 암시한다. 내 대답은 나의 규칙을 만드는 사람은 나 자신이며, 죽여야만 하는 것은 무엇이든 먹지 않기로 결정했다는 것이다. 얼굴이 있는 것이라면 어떤 것도 먹지 않는다!

"하지만 가끔은 몰래 먹을 때도 있지?"

내가 누구 몰래 먹겠는가? 속일 사람이 있다면 나 자신뿐이다. 그러니까 몰래 먹지 않는다. 만약 여러분이 채식주의자인데 고기가 들어간 것을 실수로 먹었다면 굉장히 기분이 나쁠 테고 앞으로는 그러지 않겠다고 다짐할 것이다. 하지만 죄책감을 느낄 필요는 없다.

"난 동물을 좋아해. 진짜로 좋아한다고.
하지만 고기는 포기하지 못하겠어."
흠. 그런 사람에게는 적어도 덜 먹으려는 노력은 할 수 있다
고 제안해보겠다.

"전 세계에서 많은 사람들이 다양한 이유로 고통받고 있어.
동물보다는 그런 사람들을 위해 캠페인을 벌이는 게 어때?"
우리가 딱 한 가지 대의를 위해서만 헌신할 수 있다고 가정
하다니 이상한 말이다. 내 경험상 동물에 대해 마음을 쓰는
사람은 대개 인간의 고통에 대해서도 관심을 기울이며, 모든
살아 있는 것들이 공정하게 대우받기를 바란다.

"네 앞에서 고기를 먹어도 괜찮아?"
가끔 이런 질문을 하는 사람이 있는데, 그렇게 생각해주어서
고맙다. 나를 제외한 우리 가족도 그렇고, 친구 중에도 고기
를 먹는 사람이 많다. 일부 엄격한 완전 채식주의자는 육식
하는 사람과는 한 식탁에 앉기를 거부한다. 나도 고기를 먹
는 것이 싫지만 그 정도까지 하지는 않는다. 다른 사람의 선
택까지 내가 책임질 수 없다는 사실을 받아들여야 한다. 나
는 내 선택에만 책임이 있다.

점점 더 이러한 질의응답과 같은 대화를 하는 경우가 잦아진다. 누군가가 말을 꺼내기도 하고, 내가 완전 채식주의자가 된 이유에 진심으로 관심을 기울이는 사람과 이야기할 때도 있다. 고기를 덜 먹거나 아예 끊어야 할 이유가 점점 더 절실해지고 있다. 더 많은 사람이 육식을 그만두고 할 수 있는 한 지속 가능하게, 친절하게 살기로 마음먹기를 바랄 뿐이다.

나오며

이 책이 도움이 되고, 자극을 주면서 도전적이었기를 바란다. 여러분이 더 친절하고 학대하지 않는 삶을 사는 법을 선택하는 데 도움이 되었기를. 또한 앞으로 어떤 삶을 살고 싶은지 결정하는 데에도 참고가 되었으면 좋겠다.

처음에는 스스로 정한 규칙을 지키기 어려울 수도 있다. 하지만 곧 이런 선택들은 자연스럽게 몸에 배어 매일 싸울 필요가 없게 될 것이다. 고기나 패스트 패션처럼 여러분이 가질 수 없는 것(아니, 그보다는 여러분 말고는 아무도 그런 결정을 내릴 수 없으니까 여러분이 갖지 않겠다고 결심한 것)을 아쉬워하기보다는 새롭게 열린 가능성을 보자.

여러분이 동물이 겪는 학대와 착취에 대해 깊은 슬픔을 느낀다면 적어도 그러한 행위를 하는 사람들의 일부가 되지는 않기로 할 수 있다. 여러분의 생활에서 학대 행위를 최대한 피한다면 가능한 일이다. 동물과 지구에 안기는 희생을 떠나서, 우리에게 제공되는 모든 것을 다 사고 소비할 필요는 없다.

우리는 더 나은 선택을 할 수 있다.

나는 이 책을 쓰고 조사하면서 많은 것을 배웠다. 처음에 책을 쓸 생각을 했을 때 떠올린 제목은 '친절하게 살자, 가볍게 걷자'였다. 그것이 내가 추구하는 목표이다. 해를 입히지 않고 살려는 사람이 많아질수록 세상은 더 친절하고, 더 푸르고, 더 지속 가능한 곳이 될 것이다. 동물에게나, 서식지에나, 우리 모두에게나.

읽어준 분들에게 고마움을 전한다. 이제, 다음은 여러분 차례이다.

우리는 더 나은 선택을
할 수 있다.

단체와 유용한 웹 사이트

이 목록은 전 세계 다양한 조직과 특별 이익 단체를 포함한다. 여러분이 세계 어디에 있든지 간에 가입하고 후원할 만한 단체를 찾거나, 프로젝트나 연구에 필요한 최신 정보를 유지하고, 지식을 넓히는 데 도움을 줄 것이다.

다음의 인터넷 주소는 이 책에서 다룬 주제를 더 알아보려는 독자에게 유용할 정보처이다. 저자와 출판사는 독자가 이 링크를 사용하여 얻은 정보에 대한 신뢰성에 어떠한 법적 책임을 지지 않는다. 또한, 언급한 웹 사이트의 정확성과 품질에 대해 어떤 추천이나 보증도 하지 않는다는 점을 기억하기를 바란다.

고기 없는 월요일 Meat Free Mondays ┃ www.meatfreemondays.com
동물 산업과 산업적 어업이 환경에 미치는 영향에 대한 인식 제고를 목표로 함. 육류 소비를 줄이기 위한 요리법, 뉴스, 정보 제공.

고래&돌고래보존협회 Whale and Dolphin Conservation ┃ uk.whales.org
고래와 돌고래 보호에 힘쓰는 영국 자선단체. 포획을 종식하고 포경을 중단하고 바다를 건강하게 만드는 것을 목표로 함.

공장 말고 농장 Farms Not Factories ┃ www.farmsnotfactories.org
돼지 축산업에 초점을 맞춘다. 공장식 돼지 축산업이 동물, 인간의 건강, 환경에 끼치는 해악을 알리고, 소비자에게 지역에서 높은 복지 수준에 맞추어 윤리적으로 생산한 돼지고기만을 사도록 권유한다.

국제반밀렵재단International Anti-Poaching Foundation | www.iapf.org
교육 및 취업 기회와 더불어 아프리카에서 밀렵을 종식하기 위해 지역 공동체가 이끄는 보존 활동을 지원한다.

국제자연보전연맹International Union for Conservation of Nature: IUCN |
www.iucn.org
자연상태의 모든 측면과 지속 가능한 개발을 다루는 국제적 기관. 별도 웹 사이트인 IUCN 적색 목록www.iucnredlist.org은 전 세계의 동물, 균류, 식물 종이 처한 멸종 위기 상태를 알려주는 가장 포괄적인 정보처이다.

굿온유Good On You | www.goodonyou.eco
지속 가능하고 윤리적인 패션 브랜드 순위에 대한 정보와 뉴스를 제공한다.

그린피스Greenpeace | www.greenpeace.org
이 단체는 더 푸르고, 더 평화로운 세계로 가는 길을 닦고, 환경을 위협하는 시스템에 맞서기 위해 비폭력적이며 창의적인 행동 방식을 취한다. 오스트레일리아, 뉴질랜드, 영국, 미국과 그 외 다른 많은 나라의 지부로 연결되어 있다.

글로벌애니멀Global Animal | www.globalanimal.org
캘리포니아에 기반을 둔, 모든 동물을 위한 온라인 뉴스 잡지와 소셜 커뮤니티.

글로벌애니멀파트너십Global Animal Partnership: GAP |
www.globalanimalpartnership.org
텍사스에 기반을 두었다. 고기와 유제품 생산의 모든 단계에서 복지 인증을 제공하기 위해 7개국에서 일한다.

나비보존협회Butterfly Conservation | www.butterfly-conservation.org
영국에서 나비와 나방이 감소하는 상황을 막고, 개체 수 복원을 목표로 한다. 매년 7월 말과 8월에 빅버터플라이카운트The Big Butterfly Count라는 시민 과학 프로젝트를 주최한다.

내셔널지오그래픽National Geographic | www.nationalgeographic.com
훌륭한 사진과 인포그래픽, 깊이 있는 특집 기사 제공.

동물 복지를 위한 국제 기금 International Fund for Animal Welfare: IFAW |
www.ifaw.org
동물을 구조하고 자연 서식지를 복원 및 보호하기 위해 전 세계 40개국 이상의 나라에서 일하는 국제적 비영리단체.

동물옹호자인터내셔널Animal Defenders International: ADI |
www.ad-international.org
ADI 미국, ADI 유럽, ADI 영국, ADI 남아메리카를 포함한다. 오락, 연구, 농경에 쓰이는 동물까지 포함하여 다양한 이슈에 대해 캠페인을 펼친다.

동물원수족관연합Association of Zoos and Aquariums | www.aza.org
보존, 교육, 과학, 레크리에이션에서 동물원과 수족관의 개선을 위해 노력하는 미국 단체. (세계동물원수족관연합도 찾아보라.)

동물원수족관연합Zoo and Aquarium Association: ZAA |
www.zooaquarium.org.au
ZAA와 회원은 100개 이상의 번식 프로그램을 이끌면서 전 세계적으로 보존과 교육을 개선하기 위해 협력한다.

동물원조Animal Aid | www.animalaid.org.uk
세계에서 가장 오래된 동물 권리 단체 중 하나로, 동물 학대에 반대하는 캠페인을 펼치고 학대 방지 생활 방식을 장려한다.

동물원조USAAnimal Aid USA | www.animalaidusa.org
자원봉사자들의 대규모 네트워크를 통해 개에게 집을 찾아주는 구조 단체.

동물을 위한 자유 Freedom for Animals | www.freedomforanimals.org.uk
영국에서 가장 오래 운영된 동물 자선단체 중 하나이다. 서커스, 동물원, 수족관
에 갇힌 동물뿐 아니라 텔레비전과 영화, 살아 있는 동물 전시 및 이색적인 반려
동물 거래에 사용되는 생명체에 영향을 끼치는 이슈를 주로 다룬다.

동물을 윤리적으로 대우하는 사람들 People for the Ethical Treatment of Animals:
PETA | www.peta.org
모든 동물 착취에 반대한다.

동물저항Animal Rebellion | www.animalrebellion.org
전 세계에 지역단체를 거느린 멸종저항의 일부. 대량 멸종을 막고, 기후 붕괴를
완화시키며, 동물에 대한 정의를 보장하기 위해 인도적이고 지속 가능한 채식
기반 식량 시스템을 지지하는 캠페인을 한다.

동식물인터내셔널Fauna and Flora International | www.fauna-flora.org
전 세계에서 가장 오래된 국제적 보존 단체. 위협받는 종과 생태계의 보존을 임
무로 한다.

런던동물학회Zoological Society of London: ZSL | www.zsl.org
영국의 런던 동물원과 휩스네이드 동물원을 운영하는 국제 보존 협회.

매보호신탁Hawk Conservancy Trust | www.hawk-conservancy.org
맹금류 보존을 위해 일한다. 국제 맹금류 병원을 운영하면서 다치거나 부모를
잃은 새를 치료하여 야생에 풀어준다.

멸종저항Extinction Rebellion | www.rebellion.earth
대량 멸종을 멈추고 사회적 붕괴의 위험을 최소화하기 위하여 비폭력 시민 불

복종 방식을 이용하는 국제적 운동. 개인의 변화를 넘어 정치적 변화에 초점을 맞춘다.

미국애견협회American Kennel Club │ www.akc.org
강아지를 고르는 법과 돌보는 일에 대한 조언이 있다.

미국인도주의협회Humane Society of the United States │ www.humanesociety.org
동물의 고통을 끝내기 위해 영향력이 큰 변화를 주도한다.

미트리스먼데이Meatless Monday │
www.mondaycampaigns.org/meatless-monday
미국에 기반을 둔 국제적 운동. 채식 위주의 요리법, 재료, 정보 제공.

버그라이프UKBuglife UK │ www.buglife.org.uk
곤충의 생명 보호를 목표로 한다. 야생동물 정원 가꾸기에 대한 조언과 정보, 곤충명 찾기 안내를 제공하고, 다양한 프로젝트를 진행한다.

버드라이프인터내셔널Birdlife International │ www.birdlife.org
지속 가능성과 생물 다양성 보존에 초점을 맞추어 새와 서식지를 보호하기 위해 일하는 전 세계 보존 단체 네트워크. 버드라이프오스트레일리아Birdlife Australia, 포레스트&버드뉴질랜드Forest and Bird New Zealand, 버드라이프아메리카Birdlife Americas, 버드라이프유럽&중앙아시아Birdlife Europe and Central Asia가 포함되어 있다.

베지테리언소사이어티The Vegetarian Society │ www.vegsoc.org
채식주의 음식에 대한 정보 제공. 참고: 오스트레일리아veg-soc.org.au 뉴질랜드 www.vegetarian.org.nz 북미www.navs-online.org

보존협회인터내셔널Conservation International │ www.conservation.org
전 세계에서 생물 다양성에 대한 책임감 있고 지속 가능한 돌봄을 장려한다.

본프리Born Free │ www.bornfree.org.uk
위협받고 있거나 멸종 위기에 처한 동물을 부흐하고, 서식지와 생태계를 보존하며, 포획된 야생동물 착취에 반대하는 야생동물 자선단체.

비건무슬림이니셔티브Vegan Muslim Initiative │ www.veganmuslims.com
채식주의에 관한 정보, 요리법, 자원을 제공한다.

비건소사이어티The Vegan Society │ www.vegansociety.com
완전 채식주의 생활 방식에 대한 조언을 제공하고, 알아보기 쉬운 완전 채식주의자 트레이드 마크를 시작한 곳.

비바!Viva! │ viva.org.uk
채식주의에 관한 캠페인, 정보, 지역 소식을 제공한다.

삼림지대신탁Woodland Trust │ www.woodlandtrust.org.uk
토착 숲과 나무들의 쇠락을 막는 것을 목표로 한다. 영국에 나무를 심고, 오래된 삼림지대를 복원하고, 기후변화와 싸운다.

생각하는 동물연합 Thinking Animals United │ www.thinkinganimalsunited.org
뉴욕에 기반을 두고 국제적으로 많은 파트너십을 맺고 있다.

서지Surge │ www.surgeactivism.org
완전 채식주의 교육과 지역사회 활동을 지원한다.

서커스고통중단Stop Circus Suffering │ www.stopcircussuffering.com
서커스 동물의 고통을 종식하려는 국제적 캠페인. 동물옹호자인터내셔널의 일부로, 인식 고취 캠페인을 진행하고, 정부에 로비를 하고, 조사를 수행한다.

세계동물보호World Animal Protection │ www.worldanimalprotection.org.uk
동물의 고통을 종식하기 위해 일하는 수백만 후원자가 모인 국제적 단체.

세계동물원수족관연합World Association of Zoos and Aquariums: WAZA │
www.waza.org
동물 보호와 복지, 환경 교육과 국제적 생명체 보존을 위해 동물원과 수족관에
지침을 알리고 격려하고 지원한다. 참고: 영국아일랜드동물원수족관연합www.
biaza.org.uk 유럽동물원수족관연합www.eaza.net

세계자연기금World Wide Fund for Nature: WWF │ www.wwf.org.uk
세계 최고의 독립 보호 단체. 청년을 지지하고 힘을 실어주는 청년부도 있다.

세이프포애니멀SAFE for Animals │ www.safe.org.nz
뉴질랜드 최고의 동물 권리 자선단체.

아이내추럴리스트iNaturalist │ www.inaturalist.org
어디에서나 이용 가능한 자연 관련 앱. 주위 동식물명을 찾도록 도와준다.

야생동물보존협회Wildlife Conservation Society │ www.wcs.org
뉴욕 브롱크스 동물원에 기반을 둔 미국의 보존 자선단체.

야생동물신탁The Wildlife Trusts │ www.wildlifetrusts.org
영국의 46개 신탁으로 구성되었다.

야생정의Wild Justice │ www.wildjustice.org.uk
위험에 처하고 멸종 위기에 놓인 동물을 대신하여 야생동물 범죄와 싸운다.

어스워치Earthwatch │ www.earthwatch.org
이 국제 환경 단체는 6개 대륙에 걸쳐 연구자와 시민 과학자를 연결해주기 위
해 일한다. 미국, 영국, 오스트레일리아, 일본, 인도에 사무소가 있다.

열대우림행동네트워크Rainforest Action Network │ www.ran.org
숲, 기후, 인간의 권리에 집중하는 미국 단체.

영국학생기후네트워크UK Student Climate Network ｜ ukscn.org

영국과 웨일스 전역의 100개 이상 지역 그룹과 함께하는 젊은 활동가들.

에티컬컨슈머The Ethical Consumer ｜ www.ethicalconsumer.org

영국에 기반을 둔, 윤리적 쇼핑을 돕는 평가 시스템.

오세아나Oceana ｜ www.oceana.org

전 세계 해양 보호와 복원을 목표로 한다. 지역별 현장에서 해양 보호 활동을 펼치는 웨이브메이커Wavemaker 프로그램을 운영한다.

오스트레일리아국립애견위원회Australian National Kennel Council ｜ www.ankc.org.au

오스트레일리아의 순종 개 안내와 책임감 있게 개를 기르는 법에 대한 정보와 조언을 제공한다.

왕립동물학대방지협회Royal Society for the Prevention of Cruelty to Animals: RSPCA ｜ www.rspca.org.uk

동물의 고통을 막기 위해 일한다. 청년 RSPCA는 18세 이하로 구성되며 자체 웹 사이트young.rspca.org.uk가 있다. 참고: 오스트레일리아www.rspca.org.au 뉴질랜드www.spca.nz 미국www.aspca.org

왕립조류보호협회Royal Society for the Protection of Birds: RSPB ｜ www.rspb.org.uk

영국에서 가장 큰 자연 보존 자선단체. 프로젝트, 게임, 동영상 클립을 포함하여 가족과 아이를 위한 자료가 있다.

원그린플래닛One Green Planet ｜ www.onegreenplanet.org

사람, 동물, 지구를 돕는 선택을 하도록 안내하는 온라인 가이드. 미국에 기반을 두었으며, 크루얼티프리 식품 선택은 물론이고 다양한 복지와 환경 문제에 초점을 맞춘다.

유대채식주의자협회Jewish Vegetarian Society │ www.jvs.org.uk
행사와 워크숍, 요리 시범을 주관한다.

익스플로어Explore.org │ www.explore.org
모든 대륙에 설치된 웹 캠의 링크가 모여 있다. 동영상과 사진 등을 제공한다.

인도적 도축연합 Humane Slaughter Association │ hsa.org.uk
식용동물의 복지 향상을 위해 일하는, 국제적으로 존경받는 영국의 자선단체.

인도주의연합The Humane League │ www.thehumaneleague.org
미국에 기반을 둔 곳으로 동물을 보호하는 전 세계적인 운동을 펼친다.

자연관찰재단Naturewatch Foundation │ www.naturewatch.org
이 단체의 임무는 전 세계에서 동물 학대를 종식하고 동물 복지 기준을 개선하는 것이다. 자체적으로 연민 어린 장보기 가이드Compassionate Shopping Guide를 제공한다. 여기서 보증하는 제품에는 어떤 단계에서도 동물실험을 거치지 않았음을 나타내는 크루얼티프리 마크가 있다. www.compassionateshopping-guide.org에서 찾아볼 수 있다.

잔인한 스포츠 반대 연합 The League Against Cruel Sports │ www.league.org.uk
1924년, 영국에서 동물 사냥 금지를 목표로 설립되었다. 지금도 여우, 산토끼, 사슴을 불법 사냥에서 보호하기 위해 싸운다.

제인구달연구소The Jane Goodall Institute │ www.janegoodall.org.uk
모든 생명체를 위해 사람들이 삶의 방식을 바꾸도록 돕는 국제단체. 데임 제인 구달의 뿌리와 새싹Dame Jane Goodall's Roots&Shoots은 청년을 위한 네트워크이자 교육 프로그램이다.

주니버스Zooniverse │ www.zooniverse.org
다양한 주제를 다루는 온라인 시민 과학 프로젝트.

지구 생태 용량 초과의 날 Earth Overshoot Day │ www.overshootday.org
이 단체는 매년 인간의 식량, 에너지, 자원에 대한 수요가 지구가 제공할 수 있는 한도를 넘어서는 날을 알려준다. 우리가 더 지속 가능하게 살 수 있도록 #MoveTheDate(날짜를 뒤로 옮기기) 운동을 펼치며 사람들을 고무한다.

지구의 벗 Friends of the Earth │ www.foei.org
미국에 설립되어 현재 74개국 환경 단체로 이루어진 국제적 풀뿌리 네트워크.

천연자원보호위원회Natural Resources Defense Council │ www.nrdc.org
미국에 기반을 둔 국제단체로 회원과 과학자, 변호사가 모여 있다.

친절하게 살기 Live Kindly │ www.livekindly.com
친절하게 사는 법에 대한 뉴스, 특집 기사, 장보기 가이드를 제공한다.

컴패션인월드파밍Compassion in World Farming │ www.ciwf.org.uk
공장식 축산을 중지하기 위한 캠페인을 평화적으로 벌인다.
나는 컴패션인월드파밍 참여자로서 조직의 비전을 지지한다.

우리는 다음과 같은 목표를 고취하는 식량과 농경 정책을 추구한다

- 충분하고 영양가 있는 음식을 누구나 구할 수 있게 함으로써 좋은 건강 유지
- 농촌 생업을 지원하고 가난을 해소하는 지속 가능한 농경 방식 추구
- 지구와 토양, 물, 생물 다양성과 같은 자원 보호
- 농경으로 인한 온실가스와 그 밖의 오염 물질 배출 감소
- 지각 있는 동물이 건강하고 자연스러운 행동을 할 수 있고, 고통받지 않는 인도적인 사육 방식
- 환경, 건강, 지속 가능성이라는 목표에 도달하기 위해 소비를 많이 하는 집단의 동물성 제품 소비를 감소시키기

크루얼티프리인터내셔널Cruelty Free International │

www.crueltyfreeinternational.org

전 세계에서 동물실험을 중지시키기 위해 일한다. 동물 학대를 하지 않은 제품을 승인하고, 이 제품에 리핑버니 로고를 부여한다.

크루얼티프리키티Cruelty-Free Kitty │ www.crueltyfreekitty.com

동물실험을 거치지 않은 제품을 구매할 수 있도록 도움을 주는 데이터베이스.

테드TED │ www.ted.com

미국에 기반을 둔 국제적으로 영향력 있는 단체. TED는 기술Technology 오락 Entertainment 디자인Design을 뜻하며, TED 강연TED talks은 광범위한 주제를 다룬다. 동물 복지animal welfare로 찾아보면 흥미로운 강연을 많이 볼 수 있다.

포유동물협회The Mammal Society │ www.mammal.org.uk

영국의 포유동물 개체 수를 조사한다. 포유동물 지도 작성자Mammal Mapper 앱을 제공하여 참여자 스스로 조사 결과를 기록할 수 있도록 한다.

해양보존협회Marine Conservation Society │ www.mcsuk.org

영국의 선도적 해양 자선단체. 해산물을 책임감 있게 공급하고 소비하는 방식부터 초미세 합성섬유로 인한 오염문제에 이르기까지 여러 캠페인을 진행한다.

해피카우Happy Cow │ www.happycow.net

웹 사이트와 모바일 앱을 통해 어디에서나 근처의 채식주의자 및 완전 채식주의자를 위한 식당을 찾도록 도와준다.

환경학살중단Stop Ecocide │ www.stopecocide.earth

국제법을 바꾸기 위해 전 세계에서 캠페인을 진행한다.

열정적인 블로거와 유튜버가 올린 것을 포함하여 전 세계에 다양한 채식 요리법이 있다. 다음은 직접 시도해볼 만한 요리법을 제공하는 몇 곳을 추린 것이다. 요리를 시작해보자!

BBC굿푸드 www.bbcgoodfood.com

고기 없는 월요일 www.meatfreemondays.com

굿푸드 오스트레일리아 www.goodfood.com.au

딜리셔스 www.deliciousmagazine.co.uk

보쉬! www.bosh.tv

미트리스먼데이 www.mondaycampaigns.org/meatless-monday

베지테리언소사이어티 vegsoc.org

베지테리언소사이어티 뉴질랜드 www.vegetarian.org.nz

비거뉴어리 www.veganuary.com

비건소사이어티 www.vegansociety.com

비건소사이어티 미국 www.americanvegan.org

비건 오스트레일리아 www.veganaustralia.org.au

유믈리 www.yummly.co.uk

영감을 주는 소셜 미디어의 동물·야생동물·환경 지지자

이 명단은 일부를 추린 것이며, 여러분은 틀림없이 동물 학대 없는 세상을 향한 여정에서 더 많은 사람을 발견할 것이다. 이들 중에는 야생동물이나 보존 단체에서 사절 역할을 맡은 사람도 있다. 여러분도 그중 하나가 될 수 있지 않을까? 기회를 찾아보자!

그레타 툰베리 Greta Thunberg │ 인스타그램과 트위터 @GretaThunberg
스웨덴 기후 환경 활동가.

다라 맥어널티 Dara McAnulty │ 인스타그램 @dara_mcanulty
트위터 @naturalistDara
북아일랜드에 사는 박물학자. 『젊은 박물학자의 일기Diary of a Young Naturalist』의 저자.

데이비드 린도 David Lindo │ 인스타그램과 트위터 @urbanbirder
영국의 야생동물 프로그램 진행자, 작가, 가이드. 런던야생동물신탁London Wildlife Trust의 사절이며 런던야생동물페스티벌London Wildlife Festival의 공동 큐레이터. www.theurbanbirderworld.com

데임 제인 구달 Dame Jane Goodall │ 인스타그램과 트위터 @janegoodallinst
박물학자이자 침팬지에 특히 관심을 기울이는 환경 보호 활동가. 다양한 기후,

환경, 복지 문제에 대한 캠페인을 진행한다. www.janegoodall.org

레이철 아마 Rachel Ama │ 인스타그램과 트위터 @rachelama_
영국 완전 채식주의 요리사, 블로거, 푸드 라이터. www.rachelama.com에 요리법 동영상이 있다.

리즈 보닌 Liz Bonnin │ 인스타그램과 트위터 @lizbonnin
프랑스계 아일랜드인 생화학자, 야생동물 생물학자이자 방송 진행자, 영국 야생동물신탁 회장.

매켄 머피 Macken Murphy │ 트위터 @SpeciesPodcast
매사추세츠 보스턴에 사는 작가이자 완전 채식주의자. 매회 동물 종을 깊이 있게 탐구하는 팟캐스트 스피시즈Species의 진행자.

메건 맥커빈 Megan McCubbin │ 인스타그램 @meganmccubbinwild
트위터 @MeganMcCubbin
영국 동물학자, 사진작가, 환경 보호 활동가, 야생동물 텔레비전 진행자.

미야-로즈 크레이그 Mya-Rose Craig (버드걸Birdgirl) │ 인스타그램과 트위터
@birdgirluk
젊은 영국계 방글라데시 탐조가. 인종주의와 싸우며 자연과 환경에서의 평등을 위한 캠페인을 벌인다. 서바이벌인터내셔널Survival International의 사절.

벨라 랙 Bella Lack │ 인스타그램과 트위터 @BellaLack
영국 환경 보호 활동가이자 본프리, 세이브더아시안엘리펀츠SaveTheAsianEl-ephants, RSPCA, 제인구달연구소의 사절.

아르준 아난드 Arjun Anand │ 인스타그램 @arjunanandphoto
전 세계를 여행하며 이국적인 야생동물의 사진을 찍는 인도 사진작가. www.arjunanand.com

어슬링 에드 Earthling Ed (에드 윈터스Ed Winters) │ 인스타그램 @earthlinged
영국의 동물 옹호자이자 런던에 거주하는 대중 연설가. earthlinged.org

에딘 화이트헤드 Edin Whitehead │ 인스타그램 @edinzphoto 트위터 @edinatw
뉴질랜드 오클랜드 출신 바닷새 과학자이자 보존 사진작가. www.edinz.com

제네시스 버틀러 Genesis Butler │ 인스타그램 @genesisbutler_
트위터 @genesisbutlerv
젊은 북아메리카 동물 권리 활동가이자 완전 채식주의자. 최연소 테드 강연자
로 열 살 때 사람들 앞에 섰다.

존 오버그 John Oberg │ 인스타그램과 트위터 @JohnOberg
워싱턴 D.C. 출신의 동물 옹호자.

카비르 카울 Kabir Kaul │ 트위터 @kaulofthewilduk
런던에 사는 환경 보호 활동가이자 야생동물 작가. RSPB 청년 위원이자 런던
내셔널파크시티Londo National Park City의 활동가.

크리스 패컴 Chris Packham │ 인스타그램 @chrispackham2 트위터 @ChrisGPackham
영국 박물학자, 작가, 사진작가, 방송인, BBC스프링워치BBC Springwatch의 진행
자. www.chrispackham.co.uk

팀 라만 Tim Laman │ 인스타그램 @timlaman
수상 경력이 있는 북아메리카 사진작가이자 멸종 위기에 처한 희귀 야생동물을
주로 다루는 영화의 제작자. www.timlaman.com

해를 입히지 않고 살려는 사람이
많아질수록 세상은 더 친절하고,
더 푸르고, 더 지속 가능한 곳이
될 것이다.

감사의 말

나에게 논픽션을 써보라고 제안해준 나의 출판 대리인 캐서린 클라크에게 고마움을 전한다. 나의 친구이자 멘토인 존 애플턴의 한결같은 도움에도 감사하다. 탁월한 서점 주인 매릴린 브로클허스트와 탐신 로즈웰의 도움과 격려를 잊지 않는다. 일이 잘되도록 해준 파빌리온 출판사의 닐 더니클리프와 사람들 그리고 멋진 표지와 삽화, 디자인을 만들어준 조지핀 스카페어와 세라 크룩스에게도 고맙다. 동물을 위해 세상을 더 나은 곳으로 만들려고 온 힘을 다하는 운동가, 활동가, 헌신적인 전문가에게 응원을 보낸다.

옮긴이의 말

요즘 뉴스를 훑어보면 하루가 멀다 하고 전 세계 어디선가 기후 재앙으로 고통받고 있는 사람들에 대한 기사가 눈에 띈다. 어딘가 먼 곳, 남의 나라 이야기만으로 여길 수도 없다. 당장 우리만 해도 올여름, 백 년 만의 폭우를 경험했다. 강남 한복판 대로에 순식간에 물이 차오르는 믿을 수 없는 광경이 실시간으로 SNS에 공유되었다. 그러나 이제는 백 년 만의, 천 년 만의 이상기후라는 표현이 식상해질 지경이다. 사정이 이렇다 보니, 제아무리 환경문제에 무관심한 사람이라도 뭔가 이상한 낌새를 눈치채지 않을 수 없을 것이다. 아무래도 지구라는 시스템이 어딘가 단단히 고장이 난 모양이다. 때 되면 비 오고 눈 내리는 것이 당연한 자연의 이치인 줄 알았지만, 그 자연의 이치가 점점 인간의 예측을 벗어나고 있다.

이런 와중에, 무관심보다 더 무서운 것이 냉소와 패배주의다. 지구 전체 차원에서 벌어지는 일이라면, 어차피 나 하나가 애쓴다고 뭐가 달라지겠는가, 살던 대로 살다 종말이든 뭐든 오면 그건 그때 가서 생각하기로 하자, 이런 식이다.

혹은 한술 더 떠서 세상이 이미 손댈 수 없이 망가졌으며, 종말은 정해진 운명이라고 떠드는 이들도 있다. 인간이 자연을 훼손하고 착취한 벌을 받는 것이며, 차라리 인간이 사라져주는 편이 지구에게는 더 이로울 것이라고 하는 사람들조차 있다. 이런 말은 얼핏 들으면 인간이 저질러온 환경 파괴에 대한 비판 같지만, 종말이라는 미래를 피할 수 없는 당연한 일로 말함으로써 사람들에게서 행동할 의지를 빼앗는다는 점에서는 앞의 무관심보다 나을 것이 없다. 무엇보다도, 저런 말이 지금 실제로 기후 재앙으로 고통받는 사람의 입에서 나오기는 힘들 것이다. 내 집이 떠내려가고, 내 자식이 굶주리는 모습을 보면서 이건 우리가 당연히 받아야 할 벌이고 이렇게 우리가 지구에서 사라져주는 편이 낫다고 말할 사람이 있을까? 그래서 나는 그런 냉소와 패배주의에 젖은 말들은 타인의 고통에 대한 무감각에서 나온다고 생각한다. 진심으로 이 사태를 걱정한다면, 그런 말로 지금 행동하지 않는 핑계를 삼을 수는 없을 것이다.

기후 재앙의 문제는 가장 취약한 이들부터 희생자로 삼는다는 것이다. 이상 기온으로 40-50도를 넘는 무더위가 닥쳐도 선진국 사람들은 에어컨을 켠 실내에서 땀을 식힐 수 있지만, 전기조차 제대로 공급되지 않는 가난한 나라 사람들은 그대로 살인적인 무더위를 견뎌내는 수밖에 없다. 희생자가 되는 것은 인간만이 아니다. 약한 것부터 희생된다는 원칙에 따라, 동물들 또한 우리보다 먼저 이 위기에 희생된다. 여섯 번째 대멸종이 현실화될 수도 있다는 우려 속에서 하루에도 150종 이상의 생물들이 영원히 사라지고 있다. 방글라데시와 인도의 습지대에 사는 벵골호랑이는 기후변화로 해수면이 상승하면서 서식지가 물에 잠겨 멸종 위기에 처한 대표적인 동물이다. 그러나 동물들이, 제3세계 사람들이 당하는 고통을 강 건너 불 보듯 멀거니 구경만 하는 사이, 위기는 머지않아 우리 턱밑까지 닥쳐올 것이다. 결코 언제까지나 남의 일로만 남지 않는다.

그렇다면, 냉소와 패배주의라는 손쉬운 핑곗거리를 치우고 무엇부터 하면 좋을까? 어디에서부터 시작해야 할까? 무슨 일이든지 항상 시작이 제일 어렵다. 굼뜬 몸을 움직여 작은 것이라도 일단 시작하고 보면 그다음 할 것이 눈에 보인다. 그런 의미에서, 이 책은 우리가 작은 실천이라도 일상에서 시작하도록 손을 내밀어주고, 이끌어주고, 잘할 수 있다고 격려해주는 손길이다. 지금 우리에게는 그런 손길이 필요하다. 이 책은 동물의 권리와 동물 학대를 피하는 방법에 대한 이야기로 시작해서 채식, 패션, 재활용, 동물원, 정원 가꾸기까지 우리의 일상생활과 관련된 다양한 주제를 폭넓게 다룬다. 그리고 모든 주제에서 우리가 지금 당장 실천하려면 무엇이 필요한지, 무엇을 알아야 하는지, 사소한 것까지 차근차근 친절하게 설명해준다. 심지어 채식주의자가 되려는 사람이 주위에서 받게 될 생각 없는 공격들을 어떻게 받아칠지 예상 답안까지 제공해준다. 예시된 무례한 질문들을 보면 과연 흔히 나올 법한 것들이고, 그에 대한 재치 있고 현명한 답변들은 무릎을 치게 만든다.

이 책은 상세한 설명도 그렇지만, 무엇보다도 일단 행동을 바꾸겠다는 의지에 아낌없는 격려를 보낸다는 점에서 변화를 시작하는 데 큰 도움이 된다. 누구나 남은 음식을 쓰레기통에 쓸어 넣으면서, 입지 않은 옷들로 가득한 옷장을 보면서, 일회용품을 한 번 쓰고 버리면서 문득 이래도 되나 살짝 죄책감이 드는 순간이 있을 것이다. 그러나 막상 뭔가 바꾸어보려면 엄두가 나지 않아서 포기하게 된다. 그런 사람들에게 이 책은 괜찮다고, 처음부터 대단한 결심을 하고 큰 희생을 하지 않아도 된다고, 뭔가 아주 작은 행동이라도 하겠다고 마음먹은 것만으로도 충분하다고 말해준다. 처음부터 고기를 완전히 끊을 필요는 없다. 조금 덜 먹기만 해도 좋다. 아주 조금씩이라도, 변화를 만들어나간다면 충분히 가치 있다고, 이 책은 긍정적인 기운을 북돋아준다.

변화를 향한 결심은 인간만이 존중받을 가치가 있는 것이 아니라 우리 식탁에 오르는 소와 닭, 우리가 키우는 고양이와 개, 정원의 지렁이와 잡초까지도 존중과 배려를 받아야 한다는 인식에서 나온다. 그들은 우리의 세계를 구성하는 데 없어서는 안 될 일부이며, 우리를 위해 존재하는 것이 아니라 우리의 존재가 그들에게 빚지고 있다. 오늘의 위기는 우리가 너무 오래 그 사실을 잊어버린 데에서 왔다. 고기를 먹느냐 마느냐, 개를 키우느냐 안 키우느냐가 문제가 아니라 우리가 함께 살아가는 생태계의 한 구성원으로, 우리처럼 고통을 느끼는 살아 있는 존재로 동물을 존중하고 최선을 다해 배려해야 한다는 것이 중요하다. 이를 기억한다면 고기를 먹더라도 어떻게 하면 기르고 도축하는 과정에서 고통을 덜 주고, 반려동물을 책임감 있게 보살필지를 고민하게 될 것이다.

이 책에서는 동물의 권리와 동물 학대 방지에 대해서도 이야기하지만, 패스트 패션을 멀리한다든가 자원을 재활용하는 등 절약에 대해서도 많은 지면을 할애한다. 동물 학대와 재활용은 직접 관련이 없는 주제로 보일지도 모르지만, 저자는 그렇지 않다고 말한다. 고기를 더 많이 먹고 싶다는 인간의 탐욕이 동물을 학대하는 사육 환경과 도축 조건을 불러오며, 가난한 사람들의 식량이 될 수 있는 작물을 동물들에게 더 많이 먹이는 식으로 자원을 낭비하고, 더 많은 탄소를 배출하여 기후변화를 심화시킨다. 지구상에서 다른 누군가가 굶주리고 있더라도 내가 먹고 싶은 것을 마음껏 먹겠다는 이기심에, 지구의 한정된 자원이 무한할 거라는 착각이 합쳐지면 지금과 같은 위기는 점점 더 가속화할 수밖에 없다.

동물을 친절하게, 책임감 있게 대한다는 것은 단지 내가 키우는 개에게 좋은 사료를 먹이고 예쁜 옷을 입혀준다는 것이 아니라, 동물이 마치 애초부터 인간의 이익을 위해 만들어졌다는 듯이 물건처럼 이용하고 착취하지 않는다는 의미이다. 동물과 식물, 자연이 인간을 위해 존재하는 것이 아니라는 인식은 우리가 자원을 재활용하고 절약해야 할 강력한 동기를 제공한다. 우리는 인간이라는 이유로 다른 종의 희생을 당연히 요구할 권리가 없다. 우리는 지금 우리를 떠받친 세상을 토대까지 뜯어먹고 있는 중이다. 언젠가는 발밑이 허물어질 것임을 알지 못한 채.

그런 점에서, 이 책은 동물과 우리의 관계에 대한 이야기에서 시작하여 우리가 살아가는 주된 방식이 되어버린 소비 자본주의로부터 어떻게 대안적인 삶의 방식을 찾을 것인가를 이야기한다. 소비 자본주의는 우리가 더 많이 소비할수록 자유로워지고 행복해질 수 있다고 유혹한다. 그러나 세상에는 공짜가 없으며, 저렴한 값으로 다 누릴 수 있다는 소비 자본주의의 유혹 뒤에는 우리가 결국 어떤 식으로든 갚아야 할 피 묻은 청구서가 숨겨져 있다. 한 다큐멘터리에서 패스트 패션이 쏟아낸 거대한 옷 쓰레기 더미에 파묻히다시피 한 방글라데시의 빈민촌을 본 적이 있다. 제3세계 노동자들의 값싼 노동력을 빌려 대량 생산된 싸구려 옷들은 썩지도 않는다. 저자의 말처럼, 쓰레기는 우리 눈에 보이지 않는 다른 어딘가로 옮겨질 뿐이지 없어지지 않는다.

이 책은 작은 행동이라도 시작해야 한다고, 아무리 사소하더라도 아무것도 하지 않는 것보다는 훨씬 낫다고 힘주어 이야기한다. 나 같은 개인이 할 수 있는 일은 없고 해봤자 차이도 없을 거라고, 혹은 어차피 망할 건데 애써봤자 다 헛수고라고 손 놓고 있어야 할까? 우리 아이들이 몇십 년 후 이보다도 훨씬 더 끔찍하게 망가진 세상에서 우리를 원망하는 눈빛으로 쳐다볼 때도 똑같은 말을 할 수 있을까? 나는 우리에게 아직은 기회가 있다고, 다른 미래를 선택할 수 있다고 믿는다. 비관주의자들의 말처럼 인간이 사라질지언정 지구는 멸망하지 않을 것이며, 공룡 대신 우리가 지구의 주인이 되었듯이 인간 대신 다른 종이 번성할 것이다. 그러나 인간만 사라질 수는 있어도 인간만이 살아남을 방법은 없다. 우리는 다른 종에게 인간으로서 책임을 져야 하고, 함께 살아남을 길을 찾아야 한다. 그것이 가능할지 여부는 우리가 얼마나 절박하게 지금의 위기를 받아들이는가에 달려 있다. 그리고 세상을 구하는 행동에 나서기는 생각보다 어렵지 않다. 시작이 반이고, 천 리 길도 한 걸음부터. 최소한 비관하거나 냉소하는 것보다는, 뭐라도 하는 편이 희망을 유지하기가 더 쉬울 것이다. 부디 많은 독자들에게 이 책이 희망의 첫걸음을 떼는 길잡이가 되기를 바란다.

한국의 단체와 웹 사이트

한국에서 활동하는 동물권, 채식, 기후변화, 자원 재활용 관련 단체를 소개한다.

곰보금자리프로젝트 www.projectmoonbear.org
사육 곰을 구조하고 더 나은 환경에서 살 수 있도록 하기 위해 다양한 사람이 모여 결성한 단체. 사육 곰 생크추어리sanctuary(인간에게 착취당하거나 부상 입은 동물 등을 구조하여 보호하는 시설) 설립, 곰 농장 종식 촉구, 갇혀 사는 야생동물 복지 연구 등의 활동을 한다.

기후변화행동연구소 www.climateaction.re.kr
적극적 기후변화 정책과 대안을 모색하기 위해 설립된 비영리 민간 연구소. 세미나를 개최하고 서적을 출간하며 뉴스레터를 발행한다.

기후위기비상행동 www.climate-strike.kr
기후 위기에 대응하기 위해 시민과 각계각층의 시민 단체가 함께하는 비영리단체. 기후 위기 비상 상황 선포, 온실가스 배출 제로 계획 수립과 기후 정의에 입각한 행동을 촉구한다.

녹색연합 www.greenkorea.org
1991년 창립하여 시민의 후원으로만 운영하는 환경 단체. 생태계 보전, 야생동물 보호, 기후 위기 감시, 에너지 전환, 쓰레기 없는 지구 등을 목표로 삼으며, 자연과 사람이 조화를 이루는 사회를 그린다.

동물권행동 카라 www.ekara.org

대규모 번식장과 경매장 반대, 개 식용 철폐, 길고양이 보호, 과도한 육식주의 해소, 농장 동물 복지 실현 등 동물의 삶을 위하여 사회 문화적 영역에서 광범위한 캠페인을 펼친다.

동물자유연대 www.animals.or.kr

반려동물, 실험동물, 농장 동물, 전시 동물 등 고통받는 동물의 대변자가 되어 그들의 처우를 개선하기 위해 활동하는 단체. 인간과 동물이 생태적·윤리적으로 조화를 이루며 살아가는 것을 목표로 한다.

동물해방물결 www.donghaemul.com

"느끼는 모두에게 자유를!"이라는 기치 아래 종차별 철폐와 동물 해방을 목표로 삼는 동물권 운동 단체. 오프라인 행사뿐 아니라 해시태그, 링크 공유, 서명 운동 등 온라인상에서도 활발히 캠페인을 펼친다.

새벽이생추어리 blog.naver.com/dawnsanctuarykr

국내 1호 생크추어리. 농장에서 공개 구조된 돼지 새벽이가 제 삶을 찾아 온전히 살아갈 공간을 마련하기 위해 설립되었다. 방문객과 봉사자에게 동물권과 비폭력 철학에 대한 교육 기회를 제공한다.

아름다운가게 www.beautifulstore.org

물건의 재사용과 재순환을 도모하여 생태적이고 친환경적인 세상을 만들려는 사회적 기업. 물품을 기증하거나 구매할 수 있는 재사용 나눔 가게를 운영하며, 국내외 소외 계층을 돕는 후원 사업 등을 한다.

청소년기후행동 www.youth4climateaction.org

청소년, 청년의 목소리와 행동으로 기후 문제 해결을 위한 여러 운동을 펼치는 단체. 대표적 활동으로 기후 위기를 방관한 데 대하여 한국 정부와 국회를 상대로 헌법 소송을 제기한 바 있다.

크루얼티프리

동물과 지구를 위한 새로운 생활

2022년 10월 27일 1판 1쇄

지은이 린다 뉴베리
옮긴이 송은주

편집 이진·이창연·홍보람 **디자인** 김효진
제작 박홍기 **마케팅** 이병규·양현범·이장열 **홍보** 조민희·강효원
출력 블루엔 **인쇄** 한승문화사 **제책** J&D바인텍

펴낸이 강맑실 **펴낸곳** (주)사계절출판사
등록 제406-2003-034호 **주소** (우)10881 경기도 파주시 회동길 252
전화 031)955-8588, 8558 **전송** 마케팅부 031)955-8595 편집부 031)955-8596
홈페이지 www.sakyejul.net **전자우편** skj@sakyejul.com
블로그 blog.naver.com/skjmail **페이스북** facebook.com/sakyejul
트위터 twitter.com/sakyejul

이 책의 본문은 〈을유1945〉 서체를 사용하였습니다.

값은 뒤표지에 적혀 있습니다. 잘못 만든 책은 서점에서 바꾸어드립니다.

사계절출판사는 성장의 의미를 생각합니다.
사계절출판사는 독자 여러분의 의견에 늘 귀 기울이고 있습니다.

ISBN 979-11-6094-978-0 03300